IL MON... DELLA PENA

DIARIO DI UN LUNGO VIAGGIO

ALLA RICERCA DI UN EQUILIBRIO TRA SICUREZZA E DIRITTI DELL'UOMO

GIUSEPPE MARIA MELONI

IL MONDO DELLA PENA DIARIO DI UN LUNGO VIAGGIO ALLA RI-
CERCA DI UN EQUILIBRIO TRA SICUREZZA E DIRITTI DELL'UOMO

Codice ISBN: 9798538710256

A mio padre

PREMESSA

Questo libro è un diario di un lungo viaggio principi-
ato nel lontano anno 2006 e tutt'ora in corso. Tale
viaggio è un approfondimento sul mondo della pena,
e si compone di due esperienze, si compone in due
grandi tappe, la prima rappresentata dall'Associazione Movimento Clemenza e Dignità, la seconda
rappresentata dall'iniziativa Piazza delle Carceri e
della Sicurezza del cittadino. E' un susseguirsi di
commenti che costituiscono un lungo racconto, è una
lunga e costante riflessione, in cui attraverso il tempo
e la maturazione, si giunge alla considerazione per
cui non è giusto tutelare i diritti umani dei detenuti e
poi dimenticare la sicurezza dei cittadini, non è giusto tutelare la sicurezza dei cittadini e poi dimenticare i diritti umani dei soggetti ristretti. Il primo
obiettivo di questo libro, è quindi, quello di
promuovere una coesistenza tra queste due esigenze
apparentemente del tutto contrapposte ed inconciliabili. L'ulteriore obiettivo di questo volume, è quello
di fornire un contributo di idee, nell'ambito di un
complessivo progetto di riforma della giustizia.

L'Autore

L'ASSOCIAZIONE MOVIMENTO CLEMENZA E DIGNITA'

Il Movimento Clemenza e Dignità, era una associazione che credeva nel progresso del diritto ed in particolare nell'evoluzione del diritto punitivo. Il Movimento credeva che come i progressi medici scientifici, possano contribuire a salvare molte vite umane, così anche il progresso del diritto, una volta recepito dai consociati, potesse contribuire a recuperare molte di queste vite.

CARCERI: NASCE IL 'MOVIMENTO CLEMENZA E DIGNITA" PER I DETENUTI ADNK (CRO) - 11/01/2006

ZCZC ADN1120 6 CRO 0 RTX CRO NAZ CAR-
CERI: NASCE IL "MOVIMENTO CLEMENZA E
DIGNITA'" PER I DETENUTI = Roma, 11 gen.
(Adnkronos) - Dare avvio "a un cammino politico,
culturale, religioso, tecnico-giuridico, al fine di in-
staurare una politica di clemenza e di perdono nei
confronti dei responsabili di reati, promuovendo re-
visioni del sistema punitivo, compatibili con la dignita' della persona". Questi gli obiettivi che si pone il
neo-costituito "Movimento Clemenza e Dignita'", secondo quanto spiega il suo fondatore, l'avvocato
Giuseppe Maria Meloni. "Nell'ambito di riflessioni
giuridiche sul senso della pena ed attraverso lo studio
e l'elaborazione di pene piu' efficaci, nuove ed alternative, il Movimento - prosegue Meloni - si propone,
quindi, di trasformare i vigenti presupposti per lo
stato di detenzione, affinche' la duratura privazione
di liberta' personale venga utilizzata solo per i reati
gravi e verso i condannati realisticamente pericolosi
per la sicurezza sociale". Meloni aggiunge che "il
Movimento, senza voler compromettere l'effettivita'
della pena, privilegia le considerazioni inerenti la sua
efficacia, quale mezzo effettivo di emenda del reo,
quale mezzo effettivo di positivo reinserimento nella

societa'". Il Movimento - conclude Meloni - si riconosce nella clemenza, non solo per le sue implicazioni
etiche religiose e non solo per le condizioni di sovraffollamento delle carceri, ma soprattutto come
aspetto intrinseco della stessa pena, come mezzo di
positiva integrazione sociale, come mezzo di convivenza civile". (Vap/Pe/Adnkronos) 11-GEN-06
16:32 NNNN

GIUSTIZIA: MOVIMENTO CLEMENZA E
DIGNITA', LEGGE PECORELLA ATTO DI
CIVILTA'
ADNK (CRO) - 24/01/2006

Roma, 24 gen. - (Adnkronos) - "La legge Pecorella
di riforma dell'appello insieme a un provvedimento
straordinario di amnistia, rappresentano due atti di
civilta' umana e giuridica. Serve anche un'ampia riforma di sistema per garantire la sicurezza dei cittadini".

Lo ha dichiarato l'avvocato Giuseppe Maria Meloni,
fondatore del "Movimento Clemenza e Dignita'", recentemente costituito a Roma.

"Questo movimento -ha aggiunto- si riconosce nelle
riflessioni concernenti la tendenziale ed umana inadeguatezza della verita' processuale a riprodurre

9

perfettamente la verita', partendo da queste riflessioni -ha proseguito Meloni- ben venga la legge
Pecorella ed altre iniziative tecnico-giuridiche, in
grado di determinare almeno una piu' rapida
definizione della verita' processuale, impedendo cosi'
il disumano protrarsi della condizione di imputato".
(segue)

GIUSTIZIA: MOVIMENTO CLEMENZA E
DIGNITA', LEGGE PECORELLA ATTO DI
CIVILTA' (2)
ADNK (CRO) - 24/01/2006

Roma, 24 gen. - (Adnkronos) - "Ma per garantire ed
accrescere la sicurezza dei cittadini, per realizzare
una valida ed effettiva rieducazione dei condannati -
ha rilevato- non basta ad esempio che la pena sia pro-
porzionale al reato, ma occorre che vengano codicisticamente previste delle nuove pene, piu' efficaci e
diverse dal carcere, che abbiano anche una loro spec-
ificita' in relazione alla tipologia di rieducare il reo".
"Il carcere e la privazione di liberta' personale -ha
continuato l'avvocato- non possono essere la pena
giusta per ogni tipo di reato, ma devono essere la
conseguenza necessitata dei reati gravi e dei condannati realisticamente pericolosi per la sicurezza

sociale. L'attuale sistema punitivo e processuale punitivo -ha concluso- non rieduca, annulla le valenze positive insite in qualsiasi essere umano ed oltretutto incide sulla collettivita', con costi economici altissimi".

CASSAZIONE: MELONI (MOVIMENTO CLEMENZA E DIGNITA'), SENTENZA E' INSULTO
ADNK (CRO) - 18/02/2006

Roma, 18 feb. (Adnkronos) - "La recentissima sentenza della Cassazione penale che sancisce in caso di bambina non piu' illibata, la minore gravita' del comportamento sessuale perpetratogli, e' un insulto alla dignita' dell'essere umano, e' in contraddizione con qualsiasi principio di tutela del minore, e' in palese violazione dell'art 2 e dell'art. 31 II co. della nostra Costituzione Repubblicana". Lo dichiara l'avvocato Giuseppe Maria Meloni, fondatore del "Movimento clemenza e dignita'", recentemente costituito.

"Cio' che desta preoccupazione e' la perfetta e spietata logicita' di essa, ottenuta emarginando gli aspetti umani inerenti alla lesione di diritti personalissimi dell'individuo minore di eta'.

Questa sentenza insieme ad altre decisioni discutibili

11

succedutesi negli ultimi anni - prosegue Meloni - configurano un organo di chiusura del sistema giudiziario, chiuso in se stesso, non opportunamente collegato con le realta' della societa' italiana e del diritto applicato ogni giorno nelle aule di Tribunale. Si pone il dubbio - rileva Meloni - se la funzione nomofilattica, la funzione cioe' di assicurare l'uniformita' dell'interpretazione delle norme di legge da parte dei giudici, attraverso la definizione, con sentenze, delle linee interpretative cui i giudici dovranno attenersi, debba rimanere prerogativa della corte, oppure se possa ugualmente assicurarsi l'uniformita' dell'interpretazione attraverso le posizioni dominanti consolidatesi nell'ambito della giurisprudenza nazionale".

(segue)

CASSAZIONE: MELONI (MOVIMENTO CLEMENZA E DIGNITA'), SENTENZA E' INSULTO (2)
ADNK (CRO) - 18/02/2006

Roma, 18 feb. (Adnkronos) - Certamente, questa seconda opzione, - aggiunge Meloni - e' piu' vicina ai paesi di Common law, ma attualmente, contribuirebbe ad avvicinare la giustizia ai cittadini, perlomeno sotto il profilo della sua comprensibilita'. Al

di la' delle ipotesi rimane comunque il dato di fatto
della necessita' di riformare ampiamente la giustizia
italiana per attualizzarla alle mutate esigenze, necessita' che, oggettivamente, il governo in carica, su im-
pulso del Presidente del consiglio, Silvio Berlusconi,
ha cercato di interpretare - conclude - con il massimo
delle energie politiche e tecniche, attraverso una miriade di riforme straordinaria".

CARCERI: 'CLEMENZA E DIGNITA",
NECESSARIO PROGETTO DI RIFORMA = I
RECENTI DATI RAPPRESENTANO
DRAMMATICITA' DI UNA TRAGEDIA
INASCOLTATA
ADNK (CRO) - 03/03/2006

Roma, 3 mar. - (Adnkronos) - "I recenti dati del Dipartimento amministrazione penitenziaria circa le
condizioni di vita dei detenuti, rappresentano tutta la
drammaticita' di una tragedia inascoltata.

E' disumano e sconcertante limitarsi a registrare il
corso degli eventi del mondo delle carceri, senza la
prospettiva di alcun progetto di riforma e senza la
prospettiva di voler intraprendere alcuna iniziativa".

Lo dichiara in una nota il fondatore del movimento
'Clemenza e dignita', Giuseppe Maria Meloni.

13

(Alp/Col/Adnkronos)

03-MAR-06 16:45

CARCERI: 'CLEMENZA E DIGNITA", DROGA A SAN VITTORE OCCASIONE RIFLESSIONE ADNK (CRO) - 19/03/2006

Roma, 19 mar . - (Adnkronos) - "Gli inquietanti episodi, recentemente resi noti ed inerenti il passaggio di sostenze stupefacenti, all'interno del carcere milanese di San Vittore, rappresentano non solo una allarmante notizia di cronaca giudiziaria ma anche un'ulteriore occasione per riflettere sulla adeguatezza rieducativa dell'attuale sistema punitivo, soprattutto in relazione alle problematiche di soggetti affetti da tossicodipendenze".

Lo dichiara in una nota, l'avvocato Giuseppe Maria Meloni, fondatore del movimento "Clemenza e Dignita'".

(Rre/Zn/Adnkronos)

WOJTYLA: MELONI, INIZIATIVA 'CLEMENZA E DIGNITA" NEL RICORDO DEL GRANDE PAPA

ADNK (CRO) - 29/03/2006

ZCZC ADN1272 7 CRO 0 RTX CRO RLA WOJTYLA: MELONI, INIZIATIVA 'CLEMENZA E DIGNITA' NEL RICORDO DEL GRANDE PAPA = 'OPPORTUNITA' PER MEDITARE SUL SENSO DELLA PENA' Roma, 29 mar. - (Adnkronos) - "In ricordo del Grande Papa, non dimentichiamo le opportunita' di studio offertici, per meditare sul senso della pena e per aprire nuove frontiere per la collettivita', avendo ogni giurista, il ruolo di collaborare all'edificazione di una societa' migliore". Lo dichiara l'avvocato Giuseppe Maria Meloni, fondatore di 'Clemenza e Dignita", in occasione dell'anniversario della morte di Karol Wojtyla il prossimo 2 aprile. "Giovanni Paolo II - continua - auspicava che nuove iniziative e provvedimenti di clemenza, fossero una valida premessa per un rinnovamento della mentalita' e delle istituzioni". "'Clemenza e Dignita" - prosegue Meloni - e' una iniziativa tesa al progresso del diritto punitivo e ritiene che, come i progressi medici contribuiscono a salvare molte vite umane, cosi' anche il progresso del diritto, possa contribuire a recuperare molte di queste vite. Gli appelli di Giovanni Paolo II - conclude Meloni -

trovino nella prossima legislatura, quella voce e rap-
presentativita', corrispondente agli applausi rivolti al
Santo Padre, durante la visita al Parlamento italiano".
(Gen/Ct/Adnkronos) 29-MAR-06 17:34 NNNN

GIUSTIZIA: 'CLEMENZA E DIGNITA", GIUSTO IL NO CRISTIANO SU PENA DI MORTE
ADNK (CRO) - 04/04/2006

Roma, 4 apr. (Adnkronos) - "Assistiamo attoniti
all'utilizzo per fini elettorali, dell'argomento pena di
morte, strumentalizzando episodi strazianti di un
bambino ucciso. Apprezziamo la fermezza e la seri-
età con cui il leader del centro sinistra, ha ribadito,
ieri sera, il no cristiano alla pena di morte". Lo dichiara in una nota l'avvocato Giuseppe Maria Meloni,
fondatore di "Clemenza e Dignità".

(Rre/Col/Adnkronos)

GIUSTIZIA: MELONI (CLEMENZA E
DIGNITA'), CONCORDI CON LA VISIONE
CENTROSINISTRA
ADNK (CRO) - 06/04/2006

ZCZC ADN1470 7 CRO 0 RTX CRO RLA
GIUSTIZIA: MELONI (CLEMENZA E DIG-
NITA'), CONCORDI CON LA VISIONE CEN-
TROSINISTRA = 'PROSSIME ELEZIONI METTE
CONTRO DUE MODI DI INTENDERE IL
SISTEMA PUNITIVO' Roma, 6 apr. - (Adnkronos)
- "L'imminente consultazione elettorale, vede con-
trapporsi, tra l'altro, due diverse visioni e filosofie del
sistema punitivo italiano".

Lo dichiara l'avvocato Giuseppe Maria Meloni di
'Clemenza e Dignita'', precisando:

"In merito a tale opzione, sebbene nell'atteggiamento
di moderazione, il movimento 'Clemenza e Dignita'',
riconosce assolutamente meritevole di consenso
l'area del centrosinistra, di ispirazione cristiana".
(Gen/Zn/Adnkronos) 06-APR-06 18:57 NNNN

ELEZIONI: MELONI (CLEMENZA E DIGNITA'), SODDISFATTI PER CONTROLLI CASSAZIONE
ADNK (CRO) - 20/04/2006

((Fca/Gs/Adnkronos))

Roma, 20 apr. - (Adnkronos) - "Esprimiamo compiacimento per l'esito dei controlli elettorali svolti dalla Cassazione, auspicando che il nuovo governo si adoperi con maggiore forza e sensibilità, per nuove regolamentazioni del sistema punitivo". Lo dichiara in una nota l'avvocato Giuseppe Maria Meloni, fondatore di 'Clemenza e Dignita".

ROMA: DOMANI INCONTRO CON MOVIMENTO 'CLEMENZA E DIGNITA"
ADNK (CRO) - 23/05/2006

Roma, 23 mag . - (Adnkronos) - Un incontro con il movimento 'Clemenza e dignita", dal titolo 'Per un atto di clemenza e per una riforma del sistema punitivo', si terra' domani alle 18, presso l'istituto 'Suore figlie di Maria Immacolata', curia generalizia, in Via Cassia 585 a Roma.

(Mpi/Zn/Adnkronos)

EVENTI - INCONTRO CON IL MOVIMENTO 'CLEMENZA E DIGNITÀ'

Il giorno 24 maggio 2006 alle ore 18.00, presso l'Istituto 'Suore figlie di Maria Immacolata', Curia Generalizia, in Via Cassia 585, Roma, si è tenuto un incontro con il movimento 'Clemenza e Dignita'', dal titolo 'Per un atto di clemenza e per una riforma del sistema punitivo'.

Tra i numerosi partecipanti, l'on. Amedeo Piva, Padre Giovanni La Manna, Presidente Centro Astalli – Servizio dei Gesuiti per i Rifugiati in Italia, Don Gaetano Greco – carcere minorile, Prof.ssa Cristina Mariti, docente di Sociologia alla Sapienza, l'Avv. Giuseppe Maria Meloni, fondatore di "Clemenza e Dignità".

A tale incontro era presente anche la Madre Generale delle Suore figlie di Maria Immacolata.

CARCERI: MOVIMENTO CLEMENZA E DIGNITA', NON SOLO AMNISTIA E INDULTO ADNK (CRO) - 12/06/2006

Roma, 12 giu. (Adnkronos) - "La protesta dei detenuti all'interno del carcere romano di Rebibbia, è la dimostrazione che forse non c'è tempo per attendere il difficoltoso raggiungimento delle maggioranze parlamentari richieste per l'amnistia e l'indulto".

Lo ha dichiarato in una nota l'avvocato Giuseppe Maria Meloni, fondatore di "Clemenza e Dignità".

"Sarebbe necessario, invece, procedere per i reati più diffusi e di lieve entità, attraverso nuove norme di abolizione di incriminazioni precedenti o attraverso nuove norme contenenti modificazioni favorevoli al reo".

(Rre/Gs/Adnkronos)

CARCERI: 'CLEMENZA E DIGNITA",
UN'INTESA PER LENIRE SOFFERENZE
DETENUTI SIAMO CAMPIONI DEL MONDO
DI CALCIO, DIVENTIAMO CAMPIONI
SOLIDARIETA'
ADNK (CRO) - 10/07/2006

Roma, 10 lug. (Adnkronos) - "La forza e il prestigio di uno Stato, passa anche attraverso la simbologia sportiva che lo rappresenta a livello internazionale".

Lo dichiara in una nota, l'avvocato Giuseppe Maria Meloni, fondatore del movimento "Clemenza e Dignità".

"La clemenza -aggiunge- è una delle massime dimostrazioni di forza di uno Stato. Già siamo Campioni del mondo, diveniamo anche Campioni della solidarietà, attraverso una intesa politica che permetta di lenire le sofferenze di tanti Fratelli d'Italia, detenuti per reati minori".

(Rre//Adnkronos)

INDULTO: MOVIMENTO 'CLEMENZA E DIGNITA", UN SUCCESSO ANCHE NOSTRO 'PROSSIME INIZIATIVE PER RIFORMARE GIUSTIZIA PUNITIVA ITALIANA'
ADNK (CRO) - 30/07/2006

Roma, 30 lug. - (Adnkronos) - "L'approvazione dell'indulto rappresenta anche un primo grande successo di 'Clemenza e Dignità' e della sua persistente opera di sensibilizzazione".

Lo dichiara in una nota l'avvocato Giuseppe Maria Meloni, fondatore del movimento 'Clemenza e Dignità', annunciando prossime iniziative "dirette ad elaborare una radicale riforma della giustizia punitiva italiana".

"Una radicale riforma - aggiunge Meloni - per introdurre nuove pene, diverse dal carcere, in grado di assicurare una effettiva rieducazione dei condannati, accrescendo, in questo modo, la sicurezza dei cittadini".

(Lmg//Adnkronos)

INDONESIA: MOVIMENTO CLEMENZA E DIGNITA', FIACCOLATA OCCASIONE DIALOGO INTERRELIGIOSO
ADNK (CRO) - 25/09/2006

 Roma, 25 set. - (Adnkronos) - "La fiaccolata in programma nel pomeriggio, presso l'ambasciata indonesiana di Roma, sarà un occasione per confermare la riprovazione per la pena di morte e per ribadire la necessità di un reciproco rispetto e di un costruttivo dialogo interreligioso". Lo dichiara in una nota l'avvocato Giuseppe Maria Meloni, fondatore di "Clemenza e Dignità".

"Tuttavia - prosegue Meloni - limitarsi all'obiettivo del solo dialogo interreligioso, potrebbe, in prospettiva, costituire una sottovalutazione della complessità delle problematiche geopolitiche ed economiche ed una sopravvalutazione del fenomeno religioso quale unica causa di tensioni nazionali ed internazionali".

"Difatti, già rispetto a pochi anni fa - conclude
Meloni - non solo le contrapposizioni ideologiche religiose ma soprattutto la globalizzazione della società contemporanea e i costanti flussi migratori, ci impongono a ricercare un confronto più completo ed
approfondito, affrontando direttamente anche tematiche, quali il dialogo sul concetto di legalità, sui
diritti civili ed umani, come presupposti di convivenza, integrazione e partecipazione all'interno
della comunità globale".

(Mlm/Pe/Adnkronos)

MATERIALI DI CLEMENZA E DIGNITA':
"MOVIMENTO CLEMENZA E DIGNITÀ",
DOCUMENTO APERTO PER UNA RIFORMA
DELLA GIUSTIZIA PENALE.
Mercoledì, 4 Ottobre 2006

La recente ed auspicata approvazione del
provvedimento d'indulto, ha rappresentato, certamente, un felice ed alto momento di tensione
umanitaria.

Questo provvedimento, tuttavia, non sarà certamente
in grado di risolvere nel tempo il problema di sovraffollamento delle carceri italiane, il problema del reinserimento dei beneficiati dall'indulto, il problema

dell'escalation criminale nelle nostre città, il problema dell'integrazione di migliaia di immigrati, il problema del terrorismo islamico, il problema della rieducazione dei condannati e quindi della nostra sicurezza, quali cittadini.

Lo dimostrano anche i recenti fatti di cronaca, in cui tra l'altro emerge una preoccupante distanza culturale, religiosa, sociale e giuridica, tra la punizione statuale, comminata dall'ordinamento statuale e la punizione, fatta da soli, inseguendo regole proprie di tradizioni culturali lontane, a noi sconosciute.

Lo Stato Italiano potrà perseguire una reale politica di integrazione degli immigrati, applicando un vecchio e rigido sistema penale, basato solo sulla carcerazione, a persone venute da terre distanti, portatrici anche di differenti costumi familiari e coniugali, molte volte, prive ancora della minima consapevolezza sociale, culturale, giuridica e di legalità del paese in cui sono giunti?

Quale comprensione, dialogo e mediazione culturale, potrà, in questo modo, instaurarsi?

Punire, senza il carcere, significherebbe relativizzare, per questo, la propria verità e identità culturale, sociale, religiosa, giuridica?

Per questi motivi, dagli inviti del Grande Papa Giovanni Paolo II a meditare sul senso della pena, per aprire nuove frontiere per la collettività, è sorto in Roma, nel mese di gennaio 2006, il Movimento Clemenza e Dignità (www.clemenza.it), un movimento finalizzato alla riforma della giustizia punitiva italiana.

Un movimento che crede nel progresso del diritto ed in particolare nell'evoluzione del diritto punitivo.

Un movimento che crede, così come i progressi medici scientifici, possano contribuire a salvare molte vite umane, così anche il progresso del diritto, una volta recepito dai consociati, possa contribuire a recuperare molte di queste vite.

Un movimento, che sostanzialmente, si adopera per la carità nella giustizia, attraverso il volontariato scientifico, un movimento che prevede al suo interno anche una Consulta Etico – Religiosa di carattere ecumenico.

Un movimento, oltretutto, non avulso dalle realtà inerenti l'esercizio del governo, non avulso dalle realtà politiche della città di Roma, ma che ha, recentemente, in sede di consultazioni amministrative, dimostrato impegno, in questo campo, con il sostegno e la piena condivisione d'ideali.

Per questi motivi, il "Movimento Clemenza e Dignità", nell'esercizio della sua libera e volontaria attività di osservazione e ricerca, sottolinea pubblicamente, attraverso il seguente breve documento aperto, alcuni aspetti giuridici con rilevanza sociale che, dopo l'approvazione del provvedimento di clemenza, necessiterebbero essere introdotti, per rendere duraturi gli aspetti positivi dell'indulto, per favorire l'integrazione delle persone immigrate nell'ambito dello status di cittadini, per accrescere la sicurezza delle persone.

In particolare, "Clemenza e Dignità" sente dover esprimere la necessità, condivisa anche da moltissimi cittadini, di un nuovo processo penale che abbia la sua radice e la sua ratio, nelle esigenze del rispetto dei valori insiti nella personalità dell'individuo, personalità, che andrebbe, d'ora in poi, sempre compiutamente accertata e valutata anche nei suoi aspetti sociali, culturali, ambientali e psichici.

Necessita, quindi, l'introduzione di un nuovo processo che si ponga l'obiettivo non solo di punire ma anche del recupero e/o della tutela degli aspetti positivi della personalità dell'individuo.

L'introduzione di un nuovo processo penale, teso al recupero delle valenze positive, insite in qualsiasi essere umano, teso al loro sostegno e sviluppo.

L'introduzione di un nuovo processo penale che in
tutti i suoi aspetti si ponga come strumento, possibilmente, non traumatico, capace di responsabilizzare il
più possibile la persona, attraverso l'introduzione di
nuove stimolazioni positive.

Un nuovo processo in cui la implicazione punitiva,
venga canalizzata ai fini della redenzione, in modo
che il contatto con gli apparati della giustizia e l'ingresso nel circuito penale, servano per una possibile
uscita dal penale.

Occorre, quindi, secondo le libere osservazioni del
"Movimento Clemenza e Dignità":

1) un processo ordinario in cui sia anche assicurata
la integrata partecipazione di nuovi componenti, in
modo che il processo stesso valga a produrre non
solo la legalità, attraverso la componente togata, ma
anche le innumerevoli valutazioni multi-disciplinari
sulla personalità del singolo imputato.

2) nuovi strumenti processuali nel processo ordinario, che, anzichè sospendere l'esecuzione della
pena, sospendano il corso del processo, per fornire,
istantaneamente e non dopo il processo e l'irrogazione della pena, all'autore del reato, l'opportunità di
un riscatto, attraverso una messa alla prova.

Una messa alla prova, durante la quale, l'individuo

27

debole e/o bisognoso, possa anche usufruire di idonee attività di trattamento e sostegno.

Una messa alla prova, per valutare, nel tempo di sospensione del processo, le evoluzioni comportamentali dell'individuo, per responsabilizzare il comportamento dell'individuo stesso anche nell'attività di riparazione delle conseguenze e nella riconciliazione.

Una messa alla prova, che, responsabilizzando senza punire, possa essere, pure, momento ed occasione per l'integrazione, culturale, sociale, giuridica delle persone immigrate.

Una messa alla prova, in grado anche di estinguere il reato, in caso di suo esito favorevole.

3) nuovi strumenti processuali nel processo ordinario, in grado di fornire la possibilità al giudice di astenersi dal pronunciare il rinvio a giudizio, di astenersi dal pronunciare condanna, quando rilevate le circostanze per la valutazione ai fini della pena, presuma con certezza che il colpevole si asterrà dal commettere ulteriori reati.

4) nuovi strumenti processuali nel processo ordinario, che valutando il pregiudizio che l'ulteriore corso del procedimento può recare all'indagato o

all'imputato, per la sua personalità, per le sue esigenze di salute, di studio, di famiglia, di lavoro,
siano, contemporaneamente, meccanismo deflattivo
del sistema penale, in grado, quindi, di produrre
statuizioni di non luogo a procedere, nelle ipotesi in
cui il fatto ascritto, appaia privo di significato criminoso e di concreta rilevanza sociale, alla stregua del
grado della colpevolezza, della tenuità delle conseguenze prodotte e della occasionalità del comportamento deviante.

5) nuovi strumenti processuali nel processo ordinario, che tengano conto anche delle condotte riparatorie, idonee a soddisfare le esigenze di riprovazione del reato e quelle di prevenzione, determinando
così in caso di riparazione del danno e di eliminazione di tutte le sue conseguenze dannose o
pericolose, prima dell'esercizio dell'azione penale,
anche l'estinzione del reato.

Inoltre, spostando l'attenzione dai citati aspetti processuali, "Clemenza e Dignità" vuole esprimere la
considerazione, condivisa anche da moltissimi cittadini, che la nostra sicurezza non nasce ad esempio
dalle attenuate inibizioni concernenti l'utilizzo di
armi a difesa della persona e della casa, incorrendo,
ora, più difficilmente in ipotesi di eccesso colposo.

Non tutti hanno le capacità fisiche e/o la coerenza

morale e religiosa di difendersi in questo modo.

Vuole esprimere la considerazione, condivisa anche da moltissimi cittadini, che la rieducazione dei condannati, rappresenta il principale mezzo di garanzia della nostra sicurezza.

Vuole esprimere la considerazione, condivisa anche da moltissimi cittadini, che la rieducazione non può essere dissociata dalla punizione, lasciata solo alla buona volontà degli operatori, ma deve essere connaturata in nuove punizioni, capaci ex se di rieducare.

Vuole esprimere la considerazione, condivisa anche da moltissimi cittadini, che il carcere e la privazione di libertà personale, non possono continuare ad essere la pena giusta per ogni tipo di reato, ma debbono essere la conseguenza necessitata dei reati gravi e dei condannati realisticamente pericolosi per la sicurezza sociale.

Per realizzare una valida ed effettiva rieducazione dei condannati e, quindi, per garantire ed accrescere la sicurezza dei cittadini, occorre che vengano codicisticamente previste delle nuove pene, diverse dal carcere, che abbiano anche un certo grado di specificità in relazione alla tipologia del reato commesso

e che contemplino anche il compimento di prestazioni di servizio civile e di lavori di utlità sociale.

Occorre, quindi, secondo le libere osservazioni del
Movimento:

1) l'introduzione ordinaria di lavori di utilità sociale,
ovvero prestazioni di attività non retribuita in favore
della collettività, da svolgere presso lo Stato, le Regioni, le Province, i Comuni o presso enti o organizzazioni di assistenza sociale e volontariato.

Prestazioni di attività non retribuita che contemplino
a mero titolo esemplificativo la pulizia nei quartieri
e dei parchi, la pulizia degli arenili, la manutenzione
e la riparazione dei manti stradali, la raccolta differenziata dei rifiuti urbani, il lavoro presso musei e siti
culturali-archeologici-artistici, le attività di sensibilizzazione sui rischi determinati da abuso di sostanze
alcoliche e stupefacenti, ecc., ecc..

Roma 04-10-2006   Giuseppe Maria Meloni

GIUSTIZIA: DA MOVIMENTO 'CLEMENZA E DIGNITA" MATERIALE UTILE PER RIFORMA CPP = PRESIDENTE MELONI, CAMMINO DI CIVISMO TECNICO SU PROBLEMATICHE SISTEMA
ADNK (CRO) - 18/10/2006

Roma, 18 ott. - (Adnkronos) - "La prima documen-
tazione, facente parte dei Materiali di 'Clemenza e
Dignita" e' stata trasmessa per competenza al ministro della Giustizia, Clemente Mastella, ai sottosegretari del ministero della Giustizia, ai membri
della commissione Giustizia della Camera dei Deputati e del Senato della Repubblica, nonche' alla Commissione di studio per la riforma del codice di procedura penale ed alla Commissione di studio per la riforma del codice penale". Lo dichiara il Presidente di
"Clemenza e Dignita"', Giuseppe Maria Meloni.

"I nostri Materiali, - prosegue Meloni - quali brevi
produzioni di libera attivita' di osservazione e ricerca, verranno, quindi, periodicamente inviati alle
competenti Istituzioni ed ai loro membri, perche'
possano trarne approfondimento, consiglio, ispirazione, spunto di riflessione e di intervento, nella loro
azione pubblica, tecnica e politica". "In questo modo,
- conclude - inizia anche un cammino di nuovo civismo, di civismo tecnico sulle problematiche della

giustizia, libero dalle regole del consenso e del gradimento ma proprio di una democrazia super parteci-
pata".

(Sci/Pn/Adnkronos)

18-OTT-06 17:21

GIUSTIZIA: AUDIZIONI RIFORMA CPP, CONVOCATO PRESIDENTE 'CLEMENZA E DIGNITA"
ADNK (CRO) - 10/11/2006

Roma, 10 nov. - (Adnkronos) - Convocato per una
audizione presso la Commissione per la riforma del
codice di Procedura Penale il presidente di
"Clemenza e Dignità", l'avvocato Giuseppe Maria
Meloni.

La convocazione è avvenuta nei giorni scorsi. Nel
confermare la volontà di collaborare per una giustizia
migliore, il Movimento ringrazia il ministero della
Giustizia, "per l'attenzione e la sensibilità
dimostrate".

(Grc//Adnkronos)

SICUREZZA: 'CLEMENZA E DIGNITA", L'ACCOGLIENZA DEVE PRODURRE INTEGRAZIONE
ADNK (CRO) - 12/11/2007

Roma, 12 nov. (Adnkronos) - "La parola immigrazione non è sinonimo di insicurezza, gli immigrati
non sono solo una risorsa, sono esseri umani, alcuni
di essi delinquono e debbono essere puniti, ma non
confondiamo il senso di insicurezza dei cittadini con
l'ovvia paura, con la paura degli estranei, con la
paura di confrontarsi con diverse culture e mentalità,
con la paura di confrontarsi anche con la povertà, la
disperazione e la dignità violata". Lo afferma in una
nota Giuseppe Maria Meloni presidente di
"Clemenza e Dignità".

"In un passo del Messaggio di Giovanni Paolo II per
la 89° Giornata Mondiale del Migrante e del Rifug-
iato – osserva - è possibile leggere: "È evidente del
resto che, mentre esorto i cattolici a eccellere nello
spirito di solidarietà verso i nuovi arrivati in mezzo a
loro, invito altresì gli immigrati a riconoscere il dovere di onorare i Paesi che li ricevono e a rispettare
le leggi, la cultura e le tradizioni della gente che li ha
accolti. Solo così prevarrà l'armonia sociale'"".

"Nonostante i recenti eventi delittuosi - conclude
Meloni – si rende necessario un provvedimento di

equilibrio che consenta l'accoglienza e al contempo il rispetto delle regole, tenendo conto, però, che se l'accoglienza continuerà a non produrre integrazione, difficilmente le stesse regole saranno rispettate".

(Rre//Adnkronos)

GIUSTIZIA: MELONI (CLEMENZA E DIGNITA'), RIPARTIRE DA ASPETTATIVE DELLA GENTE
ADNK (CRO) - 19/05/2008

Roma, 19 mag. - (Adnkronos) - "E' auspicabile si torni a parlare, finalmente, di giustizia vera, non solo di prerogative e poteri delle categorie interessate, non piu' dei magistrati e degli avvocati, in una logica, per loro, alternativamente punitiva, non piu' di giustizia in chiave ideologica e non piu' di supplenza tra poteri dello Stato. Speriamo si torni a parlare del vero protagonista della giustizia, la persona".

Lo afferma Giuseppe Maria Meloni, presidente di 'Clemenza e Dignita". "Deve, quindi, riemergere - prosegue - l'interesse concreto e pratico della giustizia, soddisfare le aspettative di giustizia del cittadino e della societa'. In questo quadro di auspicata normalizzazione, di rispetto e di concordia tra categorie interessate e tra poteri dello Stato, e' utile rammentare, tra l'altro, anche il discorso di Giovanni Paolo II, tenuto nel 2000 per il Giubileo dei magistrati".

In quel discorso, conclude Giuseppe Maria Meloni, "e' possibile leggere: 'E' in questo quadro che acquista grande significato anche la distinzione dei poteri tipica dello stato democratico moderno, nel quale il potere giudiziario e' posto accanto ai poteri legislativo ed esecutivo, con una sua funzione autonoma, costituzionalmente protetta. Il rapporto equilibrato tra i tre poteri, operanti ciascuno secondo le proprie specifiche competenze e responsabilita', senza che l'uno mai prevarichi sull'altro, e' garanzia di un corretto svolgimento della vita democratica'.

GIUSTIZIA: LA MESSA IN PROVA PIACE A 'CLEMENZA E DIGNITA"
AGI - 24/11/2008

(AGI) - Roma, 24 nov. - "Nel profondo rispetto per chi non e' dello stesso avviso ed al di la' delle sue concrete modalita' applicative, esprimiamo, comunque, soddisfazione per l'iniziativa inerente l'introduzione dell'istituto della messa alla prova all'interno del processo penale ordinario". E' quanto sostiene il movimento "Clemenza e dignita'" che in una nota sottolinea: "Tale proposta gia' avanzata con un DDL nel 2007, fu precedentemente delineata nei Materiali di Clemenza e Dignita', ovvero nel 'Documento aperto per una riforma della giustizia penale', inoltrato nell'ottobre 2006 al Ministro ed ai Sottosegretari alla Giustizia, nonche' ai membri delle Commissioni Giustizia di Camera e Senato. Tale proposta fu poi ampiamente illustrata in data 25 ottobre 2006, dall'avvocato Giuseppe Maria Meloni, presso la Commissione per la riforma del Codice di Procedura Penale del Ministero della Giustizia".

CASO ENGLARO: CLEMENZA E DIGNITA', STIMOLA RIFLESSIONE COLLETTIVA
ADNK (CRO) - 09/02/2009

Roma, 9 feb. (Adnkronos) - "Il caso di Eluana, e' un caso di grande pieta' umana, che sta provocando un corto circuito istituzionale". Lo afferma in una nota Giuseppe Maria Meloni, presidente di Clemenza e Dignita' che aggiunge: "Per questo nell'affrontarlo, non solo ci spogliamo di qualsiasi preconcetto e spirito critico ma vogliamo anche prendere per buono, pur non condividendolo, l'approccio logico di trattazione sinora utilizzato, ovvero, nell'ordine: la

sentenza e' perfetta non solo perche' tiene conto di
uno stato vegetativo pemanente e irreversibile ma anche perche' traduce giuridicamente proprio la volonta' di Eluana Englaro; quindi, la decisione dei giudici e' giustamente la morte di Eluana; le sentenze
emesse dai Tribunali poi vanno comunque
rispettate". "Desideriamo pero' - prosegue il presidente di Clemenza e Dignita' - portare alla vostra attenzione anche il caso di Donovan, cittadino del
Texas, il nome e' di fantasia, ma di casi del genere ce
ne sono migliaia". "Donovan, uno sbandato senza
grandi aspettative di vita - spiega - prima del processo, voleva, comunque, assolutamente morire, il
senso di colpa per aver assassinato un uomo lo stava,
difatti, divorando dall'interno". Ma Meloni rileva che
"anche per Donovan la sentenza successivamente intervenuta, risultava senza ombra di dubbio perfetta,
perche' sussistevano prove processuali schiaccianti
che l'uomo si era reso colpevole di omicidio. La decisione dei giudici - continua - quale punizione del
delitto commesso, fu, quindi, inevitabilmente, la
morte di Donovan. D'altronde anche in questo caso,
le sentenze della Corte suprema federale, dovevano
comunque essere rispettate". Meloni osserva che "a
questo punto, la domanda che poniamo, per una seria
riflessione collettiva, e', se in questi casi, quando la
sentenza e' perfetta, quasi divina e sussiste pure una
volonta' di morire corrispondente alla decisione dei

Tribunali, gli stessi Tribunali abbiano o meno quella licenza di ordinare l'uccisione di un individuo". "Poniamo questo interrogativo, - aggiunge - perche' molti nutrono un dubbio, anzi un sospetto, ovvero che la sentenza della Cassazione su Eluana, possa violentare la ratio e lo spirito della risoluzione Onu contro la pena di morte, della risoluzione contro l'eventualita' che in esito ad un giudizio, piu' o meno approfondito, i Tribunali possano comunque ordinare l'uccisione di un individuo". "Tale sospetto - conclude - viene alimentato dalla riflessione che la citata sentenza sia solo formalmente e tecnicamente non punitiva, in quanto conseguenza di un reato inesistente, di un fatto non antigiuridico che tuttavia viene ugualmente perseguito dalla cultura della nostra societa': il fatto di non poter vivere la propria vita in autonomia, pienamente ed in condizioni perfette". (Ler/Ct/Adnkronos)

CARCERE. CLEMENZA E DIGNITA': " I DETENUTI SONO OLTRE 60 MILA" REDATTORE SOCIALE - 16/03/2009

Roma - "I detenuti reclusi nelle carceri italiane sono ormai oltre sessantamila e il drammatico sovraffollamento e' di nuovo all'orizzonte". Lo afferma in una nota Giuseppe Maria Meloni, presidente del movimento Clemenza e Dignita'. "La realizzazione di nuove carceri- prosegue Meloni richiedera' un tempo necessario, probabilmente incompatibile con il prossimo aggravarsi della situazione, a partire gia' dai primi mesi estivi di quest'anno". E aggiunge Meloni: "Non intervenire per principio sul sistema processuale punitivo puo' significare costruire le future condizioni umanitarie e di urgenza, per un ulteriore atto di clemenza".

Ora, prosegue il presidente dell'associazione, "a differenza di tanti, non rinneghiamo la nobile battaglia di umanita' e di religiosita', perseguita in primissima linea, per l'approvazione dell'indulto".

Tuttavia, osserva, "e' evidente che la soluzione del problema non puo' essere l'elezione a sistema di un provvedimento straordinario che ogni tot anni, apra le porte e faccia uscire tutti indistintamente". Ora, conclude Meloni, "e' da tempo che, sebbene inascoltata e in un clima di diffidenza generale, Clemenza e Dignita' insiste sulla profonda necessita' di riforme del sistema punitivo e processuale punitivo, avanzando delle proposte risolutive e concrete. Ci aspettiamo conclude il presidente- che molti, solo per onesta' intellettuale, riconoscano tardivamente queste esigenze di riforma". (DIRE)

CARCERI: CLEMENZA E DIGNITA', CODICE ROCCO E' ORMAI INADEGUATO.
COMUNICATO - 30/03/2009

Roma, 30 Mar. - "Il sovraffollamento nelle carceri italiane è nuovamente drammatico. Non si tratta solo di un problema di carenza di personale, di ingegneria o di edilizia penitenziaria, è una crisi generale del concetto di pena, così come delineata nel codice Rocco." Lo afferma in una nota Giuseppe Maria Meloni, presidente di Clemenza e Dignità. "Dal 1930, anno di approvazione del codice penale - prosegue - è cambiata la società italiana. Sono mutati i freni inibitori di natura sociale, di carattere etico – morale. Sono insorte le problematiche legate alle tossicodipendenze. Sono cambiate le condotte criminali e le modalità di attuazione delle condotte criminali già tipizzate. Soprattutto è mutata, per via di massicci flussi migratori l'entità e la soggettività del fenomeno criminale." "Basta osservare – rileva - i ruoli d'udienza affissi nelle aule di Tribunale, per comprendere che il fenomeno criminale deve ormai inquadrarsi in un'ottica internazionale." "Solo alla luce di questi cambiamenti e in un'ottica di criminalità mondiale, - osserva – è possibile inquadrare correttamente il problema del sovraffollamento nelle carceri italiane." "Per risolvere l'emergenza - spiega Meloni – la soluzione potrebbe essere ripensare il concetto

41

di pena fondato prevalentemente sulla detenzione, adottando per reati veramente minori e per soggetti non pericolosi per l'incolumità pubblica, delle pene non detentive, magari incentrate su lavori di utlità sociale. Ci conforta in tale soluzione prospettata anche il messaggio di Giovanni Paolo II per il Giubileo nelle carceri del 2000." "Tale messaggio – conclude Meloni – proprio sulla punizione detentiva, recitava in questo modo: "In molti Paesi le carceri sono assai affollate. Ve ne sono alcune fornite di qualche comodità, ma in altre le condizioni di vita sono assai precarie, per non dire indegne dell'essere umano. I dati che sono sotto gli occhi di tutti ci dicono che questa forma punitiva in genere riesce solo in parte a far fronte al fenomeno della delinquenza. Anzi, in vari casi, i problemi che crea sembrano maggiori di quelli che tenta di risolvere. Ciò impone un ripensamento in vista di una qualche revisione..""

ROMA, CLEMENZA E DIGNITA': DOMENICA
FESTA DIVINA MISERICORDIA.
IL VELINO - 15/04/2009

 Roma, 15 APR (Velino) - "Domenica 19 aprile nel Santuario di Santo Spirito in Sassia di Roma, si celebrera' solennemente la festa della Divina Misericordia. Fu proprio il Papa Giovanni Paolo II a voler destinare questa Chiesa di Via dei Penitenzieri al particolare culto della Divina Misericordia": lo afferma in una nota Giuseppe Maria Meloni di "Clemenza e Dignita'", che aggiunge: "Tanti episodi della vita di Giovanni Paolo II possono trovare spiegazione solo in questo grande mistero della misericordia. Solo nella devozione a questo grande mistero - conclude - puo' comprendersi pienamente il gesto di perdono veramente straordinario: la visita in carcere di Giovanni Paolo II ad Ali Agca".

CARCERI. CLEMENZA E DIGNITÀ: USARE DETENUTI PER LAVORI UTILI ISTITUTI DI PENA LUOGHI INFERNALI, NE SERVONO DI NUOVI.
DIRE - 05/10/2009

(DIRE) Roma, 5 ott. - "La carceri italiane sono luoghi infernali. Muore un detenuto ogni due giorni, e ora sono gli stessi agenti penitenziari, dopo tre suicidi in appena cinque giorni, a chiedere aiuto perche' il carcere li sta uccidendo." Lo afferma, in una nota, Giuseppe Maria Meloni, presidente di Clemenza e Dignita', che aggiunge: "Non e' rinviabile al futuro la soluzione di un problema cosi' drammatico. Si possono avere - spiega- diverse idee sul concetto di pena, e sarebbero tutte ugualmente degne di ascolto e di rispetto, ma ignorare questa tragedia significa porsi al di fuori del diritto, creare una zona grigia avulsa dalle leggi dello Stato. Nell'attesa che vengano costruite nuove carceri, rileva Meloni, "auspichiamo, nell'ambito di progettualita' di riforma del sistema punitivo e processuale punitivo, l'avvio di iniziative sperimentali inerenti le prestazioni di lavori di utilita' sociale. Prestazioni che contemplino la pulizia e il decoro dei nostri centri urbani, dei parchi, degli arenili, la manutenzione dei manti stradali, la mano d'opera negli interventi alle popolazioni colpite da calamita' naturali, e tanti altri lavori utili".

(Com/Ami/ Dire)

11:45 05-10-09

GIUSTIZIA: CLEMENZA E DIGNITA',
CONIUGARE BREVITA' CON FINE GIUSTIZIA
ADNK (CRO) - 23/11/2009

Roma, 23 nov. (Adnkronos) - "L'intenzione di abbreviare la durata dei processi e' uno scopo lodevole, un fatto di civilta' che corrisponde ad un nitido interesse di tutti i cittadini. Tuttavia, se tale abbreviazione, non si accompagna ad una precisa statuizione circa la colpevolezza o meno, si finisce per ledere un

44

superiore interesse pubblico, il fine di giustizia in se
per se".

Lo afferma in una nota Giuseppe Maria Meloni, presidente di Clemenza e Dignita', che aggiunge: "La prescrizione, da mera eccezione, mitigatrice dell'ob-
bligatorieta' dell'azione penale, sta gia' ora assumendo delle enormi dimensioni patologiche, tali
da ledere il generale fine di giustizia e di rendere in-
comprensibili le ragioni dell'esistenza dello stesso istituto".

"Difatti - prosegue - il venir meno dell'interesse dello
Stato a punire una condotta criminale, per il solo fatto
del trascorrere del tempo, risulta illogico, quando un
processo per la punizione del colpevole di quella
condotta si sta contestualmente celebrando, e si sono
impiegati anni e risorse, tra indagini, accertamenti
tecnici e udienze di vario tipo per accertare la verita'."

"Una possibile soluzione alla smisurata durata
complessiva dei processi - osserva - potrebbe essere,
piuttosto, quella di intervenire sui mezzi di impugna-
zione". "Ad esempio - conclude - nel processo
penale, al fine di rendere maggiormente consapevole
l'uso dell'appello, potrebbe anche pensarsi di rimeditare il cosiddetto "divieto di reformatio in peius", secondo cui il giudice di appello puo' soltanto confermare la pena di primo grado o attenuarla, senza poter

45

decidere in senso piu' sfavorevole all'appellante".

(Rre/Col/Adnkronos) 23-NOV-09 14:33 NNNN

IMMIGRATI: "CLEMENZA E DIGNITA',
RIVALUTIAMO IL DIRITTO NATURALE.
COMUNICATO - 18/01/2010

Roma, 18 gen. -"Il Papa Benedetto XVI, recentemente ci ha ricordato che l'immigrato è un essere
umano. Una considerazione per nulla scontata, che ci
induce alla seguente lettura dei fatti, ovvero gli episodi di Rosarno, oltre che essere inquietanti, gettano
pesanti ombre sulle capacità relazionali del nostro
diritto." Lo afferma in una nota Giuseppe Maria
Meloni, presidente di Clemenza e Dignità, che aggiunge: "Il diritto, difatti, dovrebbe creare relazioni
pacifiche tra esseri umani e tra gruppi, prescindendo
da un sentimento di insofferenza così come dall'ami-
cizia, dalla simpatia e dall'affettività, basandosi solo
sul legame derivante dall'appartenenza degli uomini
e di quei gruppi ad una stessa legge comune." "Ora,
- prosegue - sarebbe facile obiettare, come in effetti
avviene nella mentalità corrente, che i non cittadini,
gli africani di Rosarno, non erano però veramente degli associati, in quanto sotto il profilo della condizione e quindi dello status di diritto pubblico, non

legati identicamente agli italiani alla stessa legge comune, non in grado di intrattenere un uguale rapporto
giuridico con lo Stato." "Su questo aspetto, - osserva
- per correggere pericolosissime anomalie dei sistemi
giuridici nazionali, bisognerebbe non vergognarsi di
fare riferimento sempre più al diritto naturale, ad un
patrimonio giuridico senza cittadinanza, comune a
tutti i popoli, definito nei testi del diritto romano "ciò
che è sempre buono ed equo". "Tra l'altro – conclude
- non si tratterebbe di un'operazione artificiale e
filosofica, poiché la dignità, la vita, la libertà e quindi
la tematica dei diritti dell'uomo, di rilievo internazionale e di cui anche all'art. 2 della nostra Costituzione Repubblicana, non rappresenta altro che la
trasformazione contemporanea delle esigenze del
giusnaturalismo."

ETICA: CLEMENZA E DIGNITÀ, ALLA
RICERCA DI RISPOSTE NEL DIRITTO
PENALE.
COMUNICATO - 22/02/2010

 Roma, 22 feb. - "Quasi non vi è giorno che sui gior-
nali e sulle televisioni, non si discorra di presunti episodi, tutti da verificare, concernenti sempre la sfera
propriamente sessuale. Da tutto ciò ne sta emergendo
un aspetto molto interessante, ovvero il rapporto tra

la morale e il diritto penale." Lo afferma in una nota
Giuseppe Maria Meloni, presidente di Clemenza e
Dignità. "La dottrina, - prosegue – aveva già soste-
nuto l'esistenza di un nesso indissolubile fra il diritto
penale e l'etica, arrivando anche ad affermare che il
diritto è la morale stessa cristallizzata in un suo momento, vale a dire il diritto sarebbe la morale resa
statica da una norma." "Questa linea di pensiero –
rileva - fu in seguito aspramente criticata sulla base
del fatto che non tutto ciò che è immorale viene
penalmente perseguito, e comunque il problema
sembrava ormai essere del tutto dimenticato e abbandonato." "Ma i tanti fatti di cronaca, - sostiene - potrebbero dare nuovo respiro per riaprire questo dibattito." "Difatti, non è controverso, - osserva – che oggi
si discuta, sempre più spesso, di episodi concernenti
la morale, specialmente inerenti gli atteggiamenti
sessuali, interrogandosi poi costantemente sull'eventualità che quegli stessi fatti possano costituire reato
o perlomeno un indizio o prova di altro reato, oppure
sempre ai fini di una complessiva valutazione, interrogandosi anche sull'eventualità che quei fatti siano
stati o meno oggetto di una statuizione penale." "Non
è controverso – aggiunge - che oggi il senso etico
collettivo ricorra disperatamente al diritto penale
nella ricerca di risposte." "L'impressione – spiega -
è che, quindi, nella mentalità collettiva e per l'opin-

ione pubblica, sussista veramente questo legame indissolubile fra l'etica e il diritto penale, un legame
molto emotivo che però trova poi insufficienti
riscontri fattuali sul piano del diritto vero e proprio."
"Probabilmente – conclude Meloni - nell'ansia di inseguire i cambiamenti del costume, nell'ansia di attualizzazione del diritto penale, così come è stato per
la pubblica decenza e il pudore e così come fu per
l'adulterio, per il concubinato e tanto altro, poi si è
andati anche oltre i reali mutamenti della morale collettiva, sottovalutando i sentimenti più radicati, più
nascosti e più intimi del popolo italiano. "

CARCERI, CLEMENZA E DIGNITA': DARE PIU' SPAZIO A PENE ALTERNATIVE
IL VELINO - 05/03/2010

Roma, 05 MAR (Velino) - "Ormai siamo arrivati a
oltre 66mila detenuti: la situazione delle carceri e' ormai drammatica e in tale contesto, come e' logico, si
fanno avanti innumerevoli idee per arginare il problema". E' quanto afferma Giuseppe Maria Meloni,
presidente del movimento Clemenza e Dignita'. "Tra
le innumerevoli, vi e' anche quella di costruire navi
prigione con aria condizionata, angolo cottura e
bagno - continua Meloni -. Questa come le altre
proposte avanzate sono interessanti e meriterebbero

grande attenzione e rispetto, ma trattandosi di iniziative che richiedono tutte investimenti di milioni e
milioni di euro, quando abbiamo edifici scolastici
fatiscenti, strutture universitarie in cui manca pure
l'essenziale per fare ricerca e tribunali in cui spesso
si evidenziano gravi carenze di mezzi materiali e tecnici, ci chiediamo se forse non sarebbe piu' opportuno limitare questi investimenti nel settore penitenziario allo stretto necessario, dando al contempo
maggiore spazio alle pene alternative, cosi' come avviene normalmente e con ottimi risultati in tanti paesi
europei e del mondo. Va, comunque, dato atto che
sulla politica di carcerizzazione, l'orientamento sta
gia' responsabilmente mutando e ci riferiamo alla
messa in prova, al lavoro di pubblica utilita' e alla
detenzione domiciliare, di cui alla bozza del disegno
di legge del ministro della Giustizia Alfano".
(com/sta) 051301 MAR 10 NNNN

CARCERI: CLEMENZA E DIGNITÀ,
MANDIAMO UNA CARTOLINA AI DETENUTI.
COMUNICATO - 17/03/2010

Roma, 17 mar. -"I suicidi nelle carceri dall'inizio
dell'anno, sono stati già quattordici. Mentre la situazione si aggrava, al momento l'unico strumento a
disposizione sembra essere ancora una volta il

mondo del volontariato."

Lo dichiara Giuseppe Maria Meloni, presidente di
Clemenza e Dignità. "Per aiutare – spiega - coloro
che avendo perso ogni fiducia, si sentono soli e disperati, proponiamo di dare nuovo respiro a una antica
forma di solidarietà civica e cristiana, un'opera di
misericordia: scrivere a un detenuto."

"Se tramite le istituzioni competenti o le associazioni
del settore, - conclude - si riuscisse a stabilire e a pub-
blicizzare una importante rete di contatti fruibili
dagli interessati, queste lettere, anche delle semplici
cartoline, potrebbero diventare dei formidabili salva
vita."

CARCERI: CLEMENZA E DIGNITÀ,
EVITIAMO DI VOLER CAMBIARE TUTTO PER
NON CAMBIARE NIENTE.
COMUNICATO - 03/05/2010

Roma, 03 mag. - "Nel perseguire l'obiettivo di una
definitiva risoluzione dell'annosa questione del sovraffollamento nelle carceri, molte voci scettiche se
non critiche, ultimamente si levano nei confronti del
DDL Alfano, sulla detenzione domiciliare e la messa
in prova." Lo afferma in una nota Giuseppe Maria

Meloni, presidente di Clemenza e Dignità, che aggiunge: "Per una definitiva risoluzione della problematica, sarebbe effettivamente opportuno es-
tendere l'oggetto del dibattito, discutendo anche di
riscrittura di reati, di pene alternative ed altro, tuttavia, a questo punto, dopo anni e anni di immobilismo
e al fine di un inizio di un cammino riformatore, noi
sosteniamo da subito e con convinzione quest'attuale
progettualità, e in particolare l'apprezzabile istituto
della messa in prova." "Difatti, il timore – conclude
- è che facendo valere istanze oltremodo riformatrici,
sebbene del tutto legittime e approfondite anche
dagli studi di autorevoli Commissioni, si finisca, poi,
solamente per fare il subdolo e sottile gioco di chi in
apparenza vuole cambiare tutto, per far sì che nella
realtà, per evidenti e successive difficoltà di
traduzione tecnica, non cambi mai nulla."

CARCERI: CLEMENZA E DIGNITÀ,
CONFRONTARE SICUREZZA CON DIRITTI
DELL'UOMO.
COMUNICATO - 01/06/2010

Roma, 1 giu. - "Quasi non vi è giorno che nelle carceri italiane, non si verifichino episodi di violenza e
di morte. Il vero stupore è che tutti questi episodi,
sebbene reiterati nel tempo, non stanno suscitando

alcuna considerevole reazione nell'opinione collettiva." Lo dichiara in una nota Giuseppe Maria Meloni, presidente di Clemenza e Dignità, che aggiunge: "La dignità, la tutela della vita, il senso della pietà, non valgono per le carceri che sono un mondo a parte." "Laddove – osserva - non c'è dignità, senso di pietà, e attenzione per la vita, il nostro bisogno di sicurezza, così come potrebbero essere anche il senso dell'odio e della vendetta, giocano da soli e prevalgono facilmente." "Ma se riflettendo, - prosegue – ci rendessimo conto che in quelle condizioni, ci sono coloro che hanno sbagliato, ma sempre degli uomini e delle persone, saremmo per forza costretti ad integrare anche il mondo della pena con i valori e i principi umani della nostra civiltà." "In presenza di questi valori e principi, in presenza di questi contrappesi, - spiega – s'imporrebbe allora una diversa valutazione del nostro bisogno di sicurezza." "Difatti, in questo caso, - conclude – sarebbe facile percepire che la stessa sicurezza, soppesata in termini assoluti e quale unico metro di giudizio, provoca e sta provocando, contrariamente a quei principi e a quei valori, una impressionante scia di violenza e di morte."

CARCERI: CLEMENZA E DIGNITÀ, APPELLO PER SOLUZIONI URGENTI.
COMUNICATO - 13/06/2010

Roma, 13 giu. - "Altre 2 persone, nella sola giornata di ieri, si sono tolte la vita nelle carceri italiane, e il numero dei suicidi sale così a 31 dall'inizio dell'anno."

Lo afferma in una nota Giuseppe Maria Meloni, Presidente dell'Associazione "Clemenza e Dignità", che aggiunge:

"Con grande umiltà e incondizionata fiducia, rivolgo un appello alle Istituzioni competenti, a proseguire con il già sperimentato impegno, l'opera di individuazione e di attuazione delle soluzioni più opportune, atte ad arginare da subito questa impressionante scia di violenza e di morte."

CARCERI: CLEMENZA E DIGNITÀ, ESSENZIALE È RICONOSCERE LA PERSONA UMANA.
COMUNICATO - 21/06/2010

Roma, 21 giu. - "La situazione difficile delle carceri italiane, ci fa apprezzare ancor di più l'art. 27, 3° comma della nostra Costituzione, laddove recita che

"Le pene non possono consistere in trattamenti contrari al senso di umanità..".." Lo dichiara in una nota Giuseppe Maria Meloni, presidente di Clemenza e Dignità. "Allo stesso tempo, però, - prosegue – tale norma, meditata alla luce dell'attualità, andrebbe soggetta a due possibili riflessioni: la prima discende direttamente dal fatto che per senso di umanità deve letteralmente intendersi il sentimento di fratellanza e di solidarietà fra gli uomini." "Ora – dice Meloni - tale sentimento di fratellanza implicherebbe a monte e quale causa, il riconoscimento nell'altro e nel caso di specie nel detenuto, dei caratteri dell'umano e della persona." "Invece, - rileva – nel citato 3° comma dell'art. 27, singolarmente inteso, non si fa assolutamente cenno alla personalità umana di chi è sottoposto a pena e alla nobiltà intrinseca derivante dalla condizione dell'umano, facendo così direttamente riferimento all'effetto senza menzionarne la causa, ritenendola scontata". "In questo modo, - spiega - se tale riconoscimento dell'umano era, comunque, cosa ovvia in un'Italia in cui non pochi dell'allora classe dirigente dovettero precedentemente patire il carcere, in un'Italia appena uscita dalla guerra, pervasa da un forte sentimento solidaristico, la stessa cosa non potrebbe dirsi nel contesto attuale." "Specie per via dell'allarmante questione sulla sicurezza, e nonostante faticose letture combinate dell'art. 27 con l'art. 2 della Costituzione, sui diritti inviolabili dell'uomo, - sottolinea - manca oggi questa nitida percezione del detenuto quale persona, e tale mancanza, la mancanza della causa, fa venir meno di conseguenza qualsiasi senso di fratellanza e di solidarietà con coloro che sono soggetti ad una pena." "Il secondo problema, non meno importante, - continua - è dato dal fatto che nell'odierna situazione non è la pena prevista in sè per sè, a consistere in trattamenti contrari al senso di umanità, così come poteva essere la pena di morte, ma è la sua concreta esecuzione, caratterizzata da strutture inadeguate e fatiscenti, sovraffollamento oltre ogni limite e carenze igieniche sanitarie, a determinare trattamenti contrari al senso di umanità." "Nell'articolo 27 in questione, invece, - precisa - non c'è alcun riferimento specifico agli aspetti inerenti l'esecuzione della pena". "Dovendo quindi fare una analisi prettamente storica della questione e senza nulla togliere al complessivo valore della Costituzione approvata – osserva - sarebbe possibile scorgere proprio sul punto di cui all'art. 27, un significato di grande attualità nella Relazione Patricolo alla Commissione per la Costituzione." "Tale relazione – sostiene - ci consentirebbe oggi di superare i menzionati aspetti critici, inerenti l'esecuzione della pena e il riconoscimento della personalità umana di chi ne è sottoposto." "Difatti, - conclude Meloni- tale relazione che influì concretamente nell'evoluzione storica dell'art.

27 della Costituzione, recitava, invece: "Le pene e la loro esecuzione non possono essere lesive della dignità della personalità umana".

CARCERI: UN RUOLO PIÙ INCISIVO PER IL VOLONTARIATO
IMGPress - 28/06/2010

(28/06/2010) - "Nelle carceri, oltre ai suicidi, c'è un ulteriore aspetto preoccupante: le aggressioni subite dalla Polizia Penitenziaria, a cui va tutta la nostra personale stima e solidarietà". Lo afferma in una nota Giuseppe Maria Meloni, presidente di Clemenza e Dignità, che aggiunge: "Con la giustizia, perseguita attraverso il processo, attraverso l'uso dei mezzi giudiziari, si fa ricorso a principi giuridici che sono capaci di interrompere la violenza e l'odio, capaci di dirimere e neutralizzare i conflitti e in particolare il conflitto tra la legge e gli autori di comportamenti ad essa contrari. Tuttavia dopo il processo, attraverso cui deve farsi giustizia e in maniera definitiva, - rileva - spesso si profila una anomalia, ovvero il conflitto tra la legge e i colpevoli anziché cessare, ricomincia durante l'esecuzione della pena come nella fase anteriore al processo. La punizione dei colpevoli – osserva – che è un atto di giustizia,

diviene spesso l'occasione per la successiva prose-
cuzione delle ostilità tra la legge e i suoi trasgressori,
tra vincitori e vinti, in un clima contaminato da desideri di vendetta. Per tentare di arginare questo
clima di conflittualità – conclude - è auspicabile
riconoscere un ruolo più incisivo alle associazioni di
volontariato, alla preziosa missione dei cappellani
delle carceri, e in genere a tutti quei soggetti impar-
ziali e terzi al menzionato conflitto, che già attualmente svolgono un'azione altamente meritoria
nelle carceri italiane."

UN PENSIERO GIURIDICO PER DIVENIRE E
CONSERVARSI PRINCIPIO, NECESSITA DI
CARATTERISTICHE DI IMMUTABILITÀ
CARCERI: CLEMENZA E DIGNITÀ, MENO
DIRITTI PER GLI ULTIMI MENO DIRITTI PER
TUTTI
IMGPress - 06/07/2010

(06/07/2010) - "Riconoscere nell'altro, persino nel
detenuto, la persona umana, porta con sé un grande
significato anche sotto il profilo del diritto." Lo afferma in una nota Giuseppe Maria Meloni, presidente
di Clemenza e Dignità. "Difatti, - prosegue –
l'idoneità ad essere titolari di diritti viene ricono-
sciuta proprio per il solo fatto della condizione

dell'essere umano, senza distinzione di sesso, di razza, di religione e di censo. Non riconoscere pienamente queste caratteristiche umane in alcuni, la mancanza nell'odierna società di una nitida percezione del detenuto, così come potrebbe essere anche dell'immigrato, quali persone ed esseri umani, ostacola e sta ostacolando il riconoscimento di una autentica soggettività giuridica in capo a questi individui." "Il ragionamento molto diffuso che si fa al riguardo – osserva - è "meno diritti per loro più diritti per noi", seguendo in questo modo quasi una regola economica o matematica." "Il problema – rileva - è che molte volte le regole della matematica o dell'economia che ha ormai pervaso le analisi di tutti i fenomeni compresi quelli sociali, scalzando il diritto, non valgono per il diritto stesso. Un pensiero giuridico per divenire e conservarsi principio, necessita di caratteristiche di immutabilità, di inscindibilità, di tendenziale validità erga omnes. In questo modo, - continua - insinuando, invece, queste distinzioni all'interno di un principio che dovrebbe valere per tutti e per il solo fatto di essere uomini, non si fa altro che indebolire la forza del principio stesso, con conseguenti ripercussioni sui diritti di tutti. Difatti, - sostiene - una volta che un principio giuridico si rompe minimamente nella sua unità, una volta rotta l'equazione per cui ad ogni essere umano, chiunque esso sia, corrisponde un soggetto di diritto, tale frattura non potrà mai arrestarsi esattamente a quelle categorie che noi soggettivamente riteniamo ininfluenti, quasi non persone, i detenuti e magari gli immigrati, ma continuerà ad aggredire, con una elisione dei diritti conseguente allo sgretolamento del principio, tutti gli altri soggetti, preferibilmente deboli, come la vita nei suoi momenti iniziali e finali, i poveri, i giovani, i disoccupati e tanti altri. E' quindi essenziale, - conclude - riconoscere sempre e comunque la persona umana, perché è in una visione cristiana della nostra società e perchè è veramente nell'interesse di tutti noi".

NOTA GIUSEPPE MARIA MELONI,
PRESIDENTE DI CLEMENZA E DIGNITÀ
CARCERI: CLEMENZA E DIGNITA', COSI' SI
PROFILA L'INGIUSTIZIA DELLA PENA
IMGPress - 19/07/2010

(19/07/2010) - "La pena deve essere scontata sino all'ultimo giorno. Questa sarà la contestazione che sempre più frequentemente verrà mossa nei confronti di tutti coloro che si adopereranno per questa grande emergenza umanitaria." Lo afferma in una nota Giuseppe Maria Meloni, presidente di Clemenza e

Dignità. "In effetti, - prosegue - ragionando su un piano formale, il nostro sistema sanzionatorio è generalmente fondato sulla pena detentiva, ed è prevalentemente attraverso il fattore tempo che si realizza la proporzionalità di quella stessa pena ai diversi fatti di reato, con la conseguenza che, al di là delle concrete condizioni in cui viene scontata, non rispettare i tempi della pena, vuol dire rompere questa proporzionalità, vuol dire rinunciare all'esatto corrispettivo del male commesso". "Ma se dal piano formale, - osserva - consapevoli del fatto che il diritto nasce per la vita di tutti i giorni, guardassimo anche alla realtà, al sovraffollamento oltre ogni limite, alla circostanza che ogni detenuto possiede circa 2 metri quadrati a disposizione per sopravvivere stipato in una cella insieme a tanti altri, al caldo torrido di questi giorni estivi in penitenziari che scottano come forni, alle carenze igieniche e sanitarie, ai suicidi, ai tentati suicidi e a tanto altro, saremmo costretti a constatare che pur nell'osservanza dei termini temporali stabiliti, di quel tempo che dovrebbe garantire l'esatta proporzione, si sta diffusamente verificando una sproporzione della pena rispetto al fatto commesso." "Su un piano fattuale e non formale, - rileva – si sta, quindi, profilando il fenomeno dell'ingiustizia della pena, perché è proprio nella proporzionalità al fatto commesso che, invece, risiede la giustizia della pena stessa, la sua forza etica." "In altri termini, - conclude

- si sta verificando un fenomeno assimilabile alla vendetta, che molto spesso nella sua emotività risulta essere sproporzionata all'entità del male subito."

LO DICHIARA IN UNA NOTA GIUSEPPE MARIA MELONI CARCERI: CLEMENZA E DIGNITÀ, AI DETENUTI ALMENO I DIRITTI DEGLI ANIMALI
IMGPress - 26/07/2010

(26/07/2010) - La sicurezza e la giustizia, sono tematiche essenziali e imprescindibili, ma che non debbono implicare assolutamente il mancato riconoscimento della persona umana e della sua dignità. Lo dichiara in una nota Giuseppe Maria Meloni, presidente di Clemenza e Dignità, che aggiunge: Appare ormai chiara l'intenzione di non volere considerare i detenuti come uomini, l'intenzione di non voler considerare i detenuti veramente come degli esseri umani. Sarà impossibile, però, - prosegue - negare in loro, anche la caratteristica della vita. Quindi, - sottolinea - sebbene non riconosciuti come uomini, essi appartengono comunque alla grande categoria degli organismi viventi. In quanto non percepiti come essere umani, - afferma – non deve poi interessare ciò che è proprio dell'uomo ovvero l'uso della ragione, non è cioè necessario chiedersi se i detenuti possano ragionare ed esprimersi correttamente, è necessario solo chiedersi se i detenuti siano in grado di soffrire. Se possono soffrire – continua - del caldo torrido, della mancanza di spazi, di aria, a volte anche di acqua. La risposta a questa domanda – rileva - non potrà che essere affermativa: i detenuti, come gli uomini, certamente soffrono nella loro fisicità queste situazioni estreme. Se allora i detenuti – spiega - sono in grado di percepire il dolore, i detenuti, non diversamente dagli uomini, hanno almeno il diritto a non subire trattamenti che arrechino loro sofferenze ingiuste. Mediante questa costruzione teorica più mirata – sostiene - riusciremo sicuramente ad ottenere maggiori risultati che con i diritti dell'uomo, diritti che risultano privi di valenza quando non si vuole riconoscere l'uomo in alcune categorie di uomini." "Tra l'altro, - precisa - quella descritta, non è una costruzione teorica inedita, perchè è la stessa e identica costruzione di pensiero che ha permesso di teorizzare i diritti degli animali." "C'è da stare sicuri – conclude – che in questo modo la situazione non potrà che mutare in meglio, non fosse altro per il fatto che se si fosse trattato subito di animali, mansueti o aggressivi, di gatti o di cani ammassati nelle gabbie, senza acqua, senza aria, e senza spazi, si sarebbe verificata una grande mobilitazione civile e di opinione pubblica per migliorarne le condizioni di vita."

63

CLEMENZA E DIGNITÀ: "TANTI MORTI, NESSUN INTERESSE"
REDATTORE SOCIALE - 02/08/2010

Roma - Senza fine il problema del sovraffollamento delle carceri in Italia. A questo, poi, si aggiungono i decessi con decine di suicidi. "Solitamente, quando la notizia e' diffusa dai media, basta il decesso di un solo essere umano, per richiamare l'attenzione e l'interesse dell'opinione pubblica". Lo dichiara in una nota Giuseppe Maria Meloni, presidente di Clemenza e Dignita', che aggiunge: "Per le carceri, invece, solo nei primi sette mesi del 2010, una infinita' di morti, 39 suicidi, tantissimi tentativi di suicidio, innumerevoli atti di autolesionismo, e ancora niente, nessuna sensibilizzazione collettiva, e di conseguenza, nessun interesse ad adottare provvedimenti veramente risolutivi per le carceri".

Sottolinea ancora Meloni come sia "inquietante, perche' anche nei piu' scellerati ordini militari di guerra, si stabiliva una precisa proporzione per cui al male patito, dovevano corrispondere, esattamente, tante vite umane del nemico da sacrificare". E qui "la situazione e' ancora peggiore perche' non solo non e' chiaro ormai quante vite perse di detenuti necessitino ancora per riparare all'ingiustizia complessivamente patita dalla societa', ma non e' neanche chiaro quante

vite perse di detenuti necessitino ancora per equiva-
lere a quella di un solo essere umano. Di quel solo
essere umano- spiega- che deceduto per le cause piu'
disparate, riesce normalmente a produrre una sensibilizzazione all'interno dell'opinione pubblica". Per
Meloni "le nostre carceri oltre ad ospitare veri e propri delinquenti, sono anche e soprattutto dei grandi
contenitori del disagio e dell'esclusione sociale, per i
tossicodipendenti, i disperati, i matti, i poveri, gli
emarginati, gli immigrati e altro".

"La strada che stiamo intraprendendo- conclude- cosi' come caratterizzata dalla totale indifferenza verso
queste categorie di persone, verso i loro disagi e
verso la loro morte, ci sta spingendo dritti dritti verso
quella stessa mentalita' perversa che solamente nel
secolo scorso, produsse silenziosamente e indis-
turbata, la cancellazione di tante vite umane, ritenute
a quei tempi ugualmente indesiderabili, inutili e
prive di senso". (DIRE)

WWW.CLEMENZA.IT CARCERI: CLEMENZA
E DIGNITÀ, C'È ANCHE UNA LETTURA
RELIGIOSA
IMGPress - 06/08/2010

 (06/08/2010) - 25,42; 25,43; 25,44; 25,45. Non sono
i numeri di alcune datate sentenze di Tribunale,

risalenti agli anni '40, non sono neanche un articolo
e relativi commi di riferimento di un progetto di
legge depositato alla Camera. E' Matteo. Lo afferma
in una nota Giuseppe Maria Meloni, presidente di
Clemenza e Dignità. Sul dramma delle carceri, così
come dell'immigrazione, - prosegue - oltre a una dimensione giuridica, politica, e sociale, sussiste anche
una dimensione propriamente religiosa. Nel rispetto
per chi professa altre religioni, così come nel rispetto
per chi non ne professa alcuna, - rileva – rappresenta,
comunque, un dato culturale fondamentale nonché
un dato di grande attualità, leggere attentamente e riflettere quanto sta scritto sul giorno del giudizio e in
particolare sui malvagi. A tal riguardo e fino al termine – conclude Meloni – lascio direttamente la parola all'evangelista Matteo, che su questo argomento
ha già scritto tantissimi anni fa. Perché io ho avuto
fame e voi non mi avete dato da mangiare; ho avuto
sete e non mi avete dato da bere; ero forestiero e non
mi avete ospitato nella vostra casa; ero nudo e non
mi avete dato dei vestiti; ero malato e in prigione e
voi non siete venuti da me". E anche quelli diranno:
"Quando ti abbiamo visto affamato, assetato, forestiero, nudo, malato o in prigione e non ti abbiamo
aiutato?". Allora il re risponderà: "In verità, vi dico
che tutto quello che non avete fatto a uno di questi
piccoli, non l'avete fatto a me".

LO AFFERMA IN UNA NOTA GIUSEPPE MARIA MELONI, PRESIDENTE DI CLEMENZA E DIGNITÀ CARCERI: CLEMENZA E DIGNITÀ, IL POTERE PUÒ LOGORARE ANCHE CHI CE L'HA
IMGPress - 11/08/2010

(11/08/2010) - Solo pochi giorni fa, con la triste vicenda di Brindisi, siamo giunti al 40° suicidio nelle carceri italiane dall'inizio del 2010. Lo afferma in una nota Giuseppe Maria Meloni, presidente di Clemenza e Dignità. "Dovendo fare il punto della situazione, - prosegue - c'è da segnalare a chi non ha seguito tutto questo macabro spettacolo, che non si è trattato di una tragedia mentalmente non rappresentabile, non si è trattato di un evento eccezionale, di una tragedia imprevista e non prevedibile. Un morto dietro l'altro, un suicidio o un tentativo di suicidio dietro l'altro, come la scia delle tessere del domino, - sottolinea - hanno accompagnato velocemente tutti questi giorni e tutti questi mesi del 2010. Nessuno – osserva - può dire che non sapeva, nessuno può dire che non poteva immaginare, nessuno può dire che non era possibile prevedere tutto quello che è successo e che sta succedendo. Molti – rileva - hanno fatto finta di non vedere e molti pur avendo chiaramente visto hanno taciuto, magari nel timore di finire in una scomoda e poco

67

redditizia posizione di opposizione, seppure solo intellettuale. Del resto, - dice Meloni - questa è ormai
la mentalità corrente, il concetto di bene comune non
esiste più, non c'è più margine per un piccolo spazio
di imparzialità e di intelligenza critica che consenta
ai singoli di battersi anche per ciò che è buono
nell'interesse di tutti, per ciò che riguarda tutti gli
uomini e magari proprio le ragioni essenziali
dell'umano come la vita. Oggi – sostiene - è considerato un bene solo ciò che è nell'interesse di una
parte, è un bene solo ciò che è considerato un bene
da quella stessa parte a cui si appartiene. A discapito
del bene comune, - aggiunge - attualmente un bene
generalmente riconosciuto e perseguito è il potere, e
il suo presupposto imprescindibile di accesso e di
conservazione, ne è divenuto il comportamento di
fedeltà incondizionata ai leaders e alle loro idee particolari, una fedeltà che non consente alcuna trasgres-
sione neppure per la ragione del bene dell'uomo e di
tutti. Era da tempo, comunque, - conclude - che si
diceva che il potere logora chi non ce l'ha, ma in
questo caso e per le carceri, con tutti questi morti
sulla coscienza, è molto probabile che il potere avrà
un effetto logorante anche in chi lo detiene."

E' QUANTO AFFERMA IN UNA NOTA
GIUSEPPE MARIA MELONI, PRESIDENTE DI
CLEMENZA E DIGNITÀ CARCERI:
CLEMENZA E DIGNITÀ, TANTA
SOFFERENZA INUTILE
IMGPress - 20/08/2010

(20/08/2010) - Il corrispettivo del male perpetrato
alla società, attraverso la commissione di fatti di
reato, attualmente è dato dalla sofferenza psichica e
fisica patita dal reo durante il tempo di privazione
della sua libertà. E' quanto afferma in una nota
Giuseppe Maria Meloni, presidente di Clemenza e
Dignità. "Si tratta, però, - prosegue - di un finto corrispettivo che in realtà cela solo le esigenze di un
monito e di una generale dissuasione dal compiere
fatti contrari alla legge. Difatti, queste sofferenze individuali, - sostiene - sono solo fini a se stesse, tutt'al
più possono soddisfare i più intimi bisogni di vendetta delle persone direttamente offese dal reato, ma
non costituiscono un autentico corrispettivo per la
comunità, non hanno alcuna capacità di soddisfare e
di risarcire la società del male complessivamente
patito. Ai fini della pacifica convivenza civile, dello
sviluppo e dell'utilità collettiva, - osserva - quella
privata disperazione e quella sofferenza individuale
sono ininfluenti, si tratta di una disperazione e di una
sofferenza del tutto sterili e inutili. Oltretutto, - dice
Meloni - sempre a voler sottolineare la finzione di

69

tale corrispettivo, si impiegano ingenti risorse pubbliche e sempre più se ne impiegheranno, proprio per
mantenere questo regime di inutile sofferenza. Per
risarcire veramente la società del male patito, per
meritare la riabilitazione, la piena riammissione
all'interno della società, - aggiunge – è necessario
trasformare la pena in un comportamento attivo, in
una sofferenza riparatrice, in una azione positiva e
relativo vantaggio per tutti gli altri cittadini che si
sono mantenuti onesti. In tanti casi, - rileva - il lavoro
intellettuale o manuale, prestato gratuitamente per le
tante esigenze della collettività, potrebbe avere una
funzione perfettamente riparatrice del male perpetrato, ristabilendo la giustizia. Il carcere – conclude -
certamente non potrà mai sparire dall'orizzonte punitivo, ma ormai per non tradire il progresso e il nostro cammino di civiltà, dovrebbe rimanere solo per i
reati gravi e per i soggetti che siano realmente
pericolosi."

LO AFFERMA IN UNA NOTA GIUSEPPE MARIA MELONI, PRESIDENTE DEL MOVIMENTO CARCERI: CLEMENZA E DIGNITÀ, RIFORMARE LA PENA CON LAVORO DI PUBBLICA UTILITÀ

IMGPress - 30/08/2010

(30/08/2010) - Ha fatto notizia ed è recente il caso di una persona che trascorrerà i prossimi 12 mesi in una cella di un carcere, perchè sorpreso a rubare alcuni bancali di legno vuoti davanti a un supermercato, per rivenderli e trovare i soldi per comprare da mangiare. Lo afferma in una nota Giuseppe Maria Meloni, presidente di Clemenza e Dignità. "Come questa vicenda, – prosegue – di storie simili, di fatti di lieve rilevanza, molte volte anche dettati da situazioni di necessità, nei Tribunali della Repubblica ce ne sono però tantissimi. Probabilmente, - osserva - visto il drammatico sovraffollamento delle strutture penitenziarie, è proprio in questi casi, che dovrebbe trovare collocazione una riforma della pena, da approfondirsi meglio nei suoi aspetti applicativi teorici e pratici: la prestazione del lavoro di pubblica utilità. Per intenderci, – dice Meloni – nella figura del furto può riassumersi sia l'ipotesi dell'impossessamento di una confezione di vino al supermercato, così come l'ipotesi dell'impossessamento di una costosissima autovettura, e ancora ad esempio nella ricettazione può trattarsi di un telefono cellulare cosi come di un

71

quadro di Kandinsky. Nelle situazioni – spiega - di particolare tenuità del fatto, quando il fatto commesso non presenta un grande significato criminale anche in relazione alle sue concrete conseguenze, anziché la reclusione, bisognerebbe poter consentire la prestazione gratuita di servizi per la collettività. Da questa rinnovata situazione, - aggiunge - la società non potrebbe che trarne grande giovamento. Si risparmierebbero – sottolinea – gli ingenti costi inerenti la detenzione, si attenuerebbero in parte le esigenze di costruzione di altri nuovi penitenziari, con relativa e grande economia di risorse pubbliche, e la collettività potrebbe soprattutto avvantaggiarsi gratuitamente di tanti lavori e servizi utili per le sue molteplici esigenze. Si pensi solo – continua - alla possibile utilità collettiva derivante dal lavoro gratuito prestato per 12 mesi e per diverse ore al giorno, nella pulizia degli edifici pubblici, dei musei, dei centri storici o dei nostri siti archeologici e artistici. Infine, - conclude Meloni – anche in un'ottica di sicurezza della cittadinanza, si attenuerebbero in questo modo i rischi dell'aggravamento dei futuri comportamenti criminali, rischi invece assai concreti a seguito dell'esperienza estrema e devastante del carcere."

E' QUANTO AFFERMA IN UNA NOTA
GIUSEPPE MARIA MELONI
DELL'ASSOCIAZIONE CLEMENZA E
DIGNITÀ CARCERI: MELONI (CLEMENZA E
DIGNITÀ), INTRODURRE IL DIRITTO ALLA
SPERANZA TRA I DIRITTI INVIOLABILI
DELL'UOMO
IMGPress - 13/09/2010

(13/09/2010) - "Siamo ormai giunti al 47° suicidio
nelle carceri italiane dall'inizio dell'anno. Non tutti
avevano dinanzi a sè ancora una lunga pena da
scontare e allora viene da chiedersi perchè non si è
preferito sopportare temporaneamente quelle condizioni atroci e disumane, in attesa di riacquistare di
lì a poco la libertà. E' quanto afferma in una nota
Giuseppe Maria Meloni dell'Associazione Clemenza
e Dignità. "Il sovraffollamento, - prosegue - e in genere le condizioni disumane di vita, certamente
rendono il tunnel della detenzione ancora più buio e
insopportabile, contribuiscono in maniera determinante a bruciare le risorse fisiche e psichiche
dell'individuo, ma è molto probabile che alla base di
tutto ci sia pure una generale perdita di speranza, in
questo caso la speranza di poter cambiare in meglio
la propria esistenza anche una volta usciti dal carcere. Quello della speranza del resto – osserva - è un
tema fondamentale per ogni individuo, religioso o
non credente che sia. La speranza – aggiunge - può

assumere indubbiamente una dimensione più preg-
nante se vissuta in concomitanza ad una esperienza
religiosa, ma tutti comunque sperano: i giovani
sperano di trovare un posto di lavoro, di sposarsi con
la persona amata, i meno giovani sperano di poter
continuare a mantenere dignitosamente la propria
famiglia, gli anziani sperano in una vecchiaia serena,
i malati sperano di guarire, i sani sperano di non
ammalarsi. Se la vita – sottolinea - è un diritto invio-
labile dell'uomo, la speranza è il vero motore della
vita, un autentico cuore che batte. La speranza, più
dell'intelligenza, è forse il più strategico bene imma-
teriale dell'essere umano." "Ora, - rileva - ai detenuti
in particolar modo, ma anche ai giovani, agli immigrati e a tante altre categorie di soggetti socialmente
deboli, può capitare come sta accadendo molto diffusamente, di essere vittime di meccanismi più
grandi di loro che ne uccidono praticamente ogni
speranza. Per questo, – conclude Meloni – per tutelare l'uomo nella sua interezza e anche oltre la sua
fisicità, per rafforzare la posizione dell'individuo,
oggi divenuta insignificante e ininfluente dinanzi ai
grandi interessi globalizzati, sarebbe opportuno e importante, introdurre anche solo simbolicamente tra i
diritti inviolabili dell'essere umano, il diritto alla
speranza, il diritto a poter maturare con fiducia una
aspettativa, il diritto a poter coltivare una aspira-
zione, il diritto a potercela fare".

CARCERI: CLEMENZA E DIGNITA', RICOMINCIA CONTEGGIO MORTI NELLE CARCERI

AgenParl - 21/02/2011

(AGENPARL) - Roma, 21 feb - "Per far comprendere l'entità di una tragedia, non può farsi affidamento solo sulla capacità di impressionare propria dei grandi numeri. La matematica può rendere un'idea, ma non può da sola spiegare esaurientemente una tragedia." Lo afferma in una nota Giuseppe Maria Meloni, presidente di Clemenza e Dignità. "Nel caso di specie e per le carceri – prosegue – non solo vi è la tendenza ad ignorare gli aspetti propriamente umani della vicenda, applicando la matematica quale principale mezzo cognitivo della realtà, ma si pretende di applicare tale mezzo in una maniera che può apparire anche discutibile: all'inizio di ogni anno, infatti, magicamente si ricomincia da capo, si riparte da zero, ricomincia il conteggio dei morti nelle carceri, come se nell'anno precedente non fosse mai successo nulla." "Questo approccio strettamente aritmetico della tragedia, - conclude - non è azzardato ipotizzare sia anche frutto di un disagio e di un profondo senso di impotenza degli operatori e delle associazioni del settore, il cui ruolo, non potendosi immediatamente modificare qualcosa di rilevante del

complessivo sistema punitivo, sta sempre più ridu-
cendosi, inevitabilmente, a quello del mero conta-
bile."

LETTERE & COMMENTI CLEMENZA E
DIGNITÀ, UNA GIUSTIZIA GIUSTA
SCATURISCE SEMPRE DA UNA PRUDENTE
MEDIAZIONE DELLE DIVERSE ESIGENZE
IMGPress - 11/03/2011

(11/03/2011) - Da una parte è vero che la giustizia,
quale atto terminale e puro, non ha nulla a che vedere
con la mediazione. Ma è pur vero che una giustizia
giusta, può scaturire solo dalla preliminare ricerca di
un equilibrio, da una preliminare composizione delle
diverse esigenze.

Lo dichiara in una nota Giuseppe Maria Meloni,
presidente di Clemenza e Dignità, che aggiunge: "Si
tratta delle esigenze del cittadino di avere giustizia in
tempi rapidi, si tratta della necessità di poter perseguire efficacemente la criminalità, si tratta delle in-
comprimibili esigenze difensive, si tratta della necessità di garantire la dovuta serenità all'organo giudi-
cante.

Adesso – conclude - che si discute nuovamente di riforma della giustizia, qualora ci sottraessimo a questa

76

faticosa e delicata opera di mediazione, difficilmente potremmo giungere ad un risultato migliorativo dell'attuale, difficilmente potremmo giungere al risultato di una vera giustizia, ovvero di una giustizia tendenzialmente giusta".

LETTERE & COMMENTI CARCERI, CLEMENZA E DIGNITÀ: OLTRE NAPOLI C'È L'EMERGENZA RIFIUTI UMANI
IMGPress - 27/06/2011

(27/06/2011) - "E' inutile negarlo, seppure non disciplinati da nessun tipo di raccolta differenziata, ed anche se nella realtà non esistono effettivamente come tali, il pensiero corrente ha creato una particolare tipologia di rifiuti, i rifiuti umani. Coloro che hanno sbagliato, che hanno infranto la legge, molte volte sono considerati dalla nostra società come dei rifiuti da gettare via. E' quanto afferma in una nota Giuseppe Maria Meloni, presidente di Clemenza e Dignità. "Del resto, - prosegue - la sorte degli uomini e delle donne detenuti, assomiglia per certi versi proprio all'emergenza rifiuti: una volta tolti dalle strade e dalla circolazione, il pericolo e l'allarme sociale vengono meno, e nessuno s'interessa più di che fine hanno fatto, di come vengono effettivamente trattati nelle discariche. Non esiste – conclude - una legge che vieti di ammassare o di comprimere dei sacchi d'immondizia nei luoghi a ciò espressamente deputati, ma noi e questa è una domanda veramente per tutti, oltre a considerare impropriamente coloro che hanno delinquito come dei rifiuti, quale autorità abbiamo e in base a quale legge morale, naturale o positiva possiamo invece consentire a che degli esseri umani, sebbene rifiutati, siano ammassati e compressi nelle celle come sacchi d'immondizia nelle discariche".

CARCERI: CLEMENZA E DIGNITÀ, ERRORE PUNTARE SOLO SU DETENZIONE
AgenParl - 07/07/2011

(AGENPARL) - Roma, 07 lug - "La messa in prova, il lavoro di pubblica utilità, e tutto ciò che fosse stato diverso dalla carcerizzazione, sono stati giudicati, in tutti questi anni, inadeguati, anzi quasi pericolosi per la sicurezza dei cittadini." Lo afferma in una nota Giuseppe Maria Meloni, presidente di Clemenza e Dignità, che aggiunge: "In linea di principio, le scelte strategiche, gli indirizzi, appartengono solo alla politica e sotto questo profilo non sono propriamente sindacabili".

"Tuttavia – prosegue - anche le scelte e le discrezion-
alità necessitano pur sempre di uno stretto raccordo
con la realtà fattuale, e allora viene da chiedersi come
si possa mai optare per un sistema basato solo sulla
carcerazione, se al momento dell'esercizio
dell'opzione non si posseggono assolutamente le
strutture detentive sufficienti ed adeguate per sostenere anche in prospettiva tale scelta".

"Così come viene da chiedersi – rileva - come si
possa mai optare per un sistema basato solo sulla carcerazione, se al momento dell'esercizio dell'opzione,
non sia ragionevolmente prevedibile, anche alla luce
delle esperienze passate, la dotazione in tempi brevi
e certi di ulteriori e nuove strutture".

"Volendo anche ritenere, - osserva - la messa in
prova, il lavoro di pubblica utilità ed altre proposte
tese alla rieducazione ed al reinserimento, come non
in grado di garantire ai cittadini lo stesso grado di
sicurezza della detenzione, le stesse proposte, tuttavia, avrebbero comunque evitato agli stessi cittadini,
il futuro prodursi della insicurezza massima".

"Una insicurezza massima – conclude - conseguente
ad un nuovo provvedimento di clemenza, verso il
quale, stante la tragedia umanitaria in corso, ci
stiamo ormai inesorabilmente avviando".

PENSIERI & PAROLE CARCERI, CLEMENZA E DIGNITÀ: È NECESSARIO IL MASSIMO IMPEGNO COMUNE

IMGPress - 11/07/2011

(11/07/2011) - Le carceri oltre che un mondo a parte, ora potrebbero addirittura apparire, mediante una visione superficiale e veloce, anche un luogo trascurato da Dio e dalla religione. Lo dichiara in una nota Giuseppe Maria Meloni, presidente di Clemenza e Dignità, che aggiunge: "Ne sta parlando soprattutto e con grandi meriti il mondo laico. Eppure, il recente Beato Giovanni Paolo II, - prosegue - è stato proprio il Papa dei detenuti. Si discute, poi, tanto dell'uso dei contraccettivi, di aborto, e quindi di tutela della vita, - rileva - ma la vita non è solo l'embrione, oppure non è solo uno stato vegetativo conseguente ad una malattia, la vita è anche quella degli uomini e delle donne che sono detenuti e che ogni giorno muoiono nell'indifferenza generale. Gesù – continua - nella sua vita ha conosciuto proprio l'arresto, il fatto processuale, la condanna, il decesso a ciò conseguente. Infine, - osserva - per quanto ci si possa sentire diversi e distanti dai ristretti, per quanto ci si possa sentire delle persone giuste, in virtù di una vita tendenzialmente retta, la misericordia è probabile che segua percorsi totalmente diversi dalla giustizia umana, percorsi inaspettati e inspiegabili. A tal riguardo, -

conclude – il mondo cattolico non può dimenticare quel malfattore che disse "Gesù ricordati di me quando sarai nel tuo regno" e Gesù che gli rispose in verità ti dico: oggi sarai in paradiso con me.

PENSIERI & GESTI CARCERI, MELONI (CLEMENZA E DIGNITÀ): 24 ORE DI SCIOPERO DELLA FAME
IMGPress - 18/07/2011

(18/07/2011) - "Per coadiuvare la recente attenzione mediatica sulla drammatica situazione del mondo carcerario, per manifestare dissenso nei confronti di una politica cieca dinanzi alla tragedia e sorda alle istanze di rinnovazione del sistema punitivo e processuale punitivo italiano, da oggi e per 24 ore, mi asterrò completamente dall'assunzione di cibo". E' quanto afferma in una nota Giuseppe Maria Meloni, presidente di Clemenza e Dignità, movimento sulle problematiche della giustizia che guarda alla persona umana. "Si tratta – aggiunge - di un primo gesto simbolico cui potranno seguirne molti altri, dinanzi ad un dramma che non è solo umanitario ma anche evidentemente giuridico. In una situazione carceraria – conclude - che dall'inizio dell'anno ha già prodotto la morte di oltre 100 persone, anche il diritto e la

giustizia vanno perdendo i loro connotati naturali: vi-
vono per come sono divenuti ma sono morti per
come avrebbero dovuto essere".

CARCERI. CLEMENZA E DIGNITÀ: SONO
COME L'INFERNO 'NEI PRESSI DI QUELLE
STRUTTURE TROPPO POLITICI SENZA
POSIZIONI'.
DIRE - 26/07/2011

(DIRE) Roma, 26 lug. - "Le carceri si sa sono l'inferno. Sono un luogo non accessibile a tutti e come
nell'inferno dantesco c'e' bisogno sempre di una sag-
gia e sapiente guida per visitarle. In questo caso e per
tutto quello che ha fatto per la condizione dei detenuti, ci viene assegnato per il ruolo che fu di Vir-
gilio, un uomo chiamato da lontano, un uomo che
dice di chiamarsi Karol Wojtyla."

Lo dichiara in una nota Giuseppe Maria Meloni,
presidente di Clemenza e Dignita'. "Entrando, dai so-
spiri, dai pianti e dalle urla, e poi dai tentativi di suicidio e dagli atti di autolesionismo- prosegue- effettivamente capiamo subito che siamo giunti proprio
all'inferno. Pero'- osserva- informandoci su cosa abbiano commesso costoro e vedendoli tutti quanti as-
sieme nel medesimo stato, la prima e superficiale impressione e' che non ci siano particolari analogie con

l'inferno dantesco. Qui la pena e' sostanzialmente identica per tutti, non c'e' una legge del contrappasso." Cosi', ladri, omicidi, usurai e stupratori, "si trovano tutti nello stesso cerchio a patir la stessa pena. Scossi da tanta visione - rileva Meloni- decidiamo di riposarci per un attimo in un luogo piu' appartato e riflettendo capiamo che l'inferno e' un'idea religiosa assai vasta, mentre le carceri vanno concernendo soltanto il reato. Capiamo che l'inferno e le carceri sono la stessa cosa, ma l'inferno essendo un'idea prettamente religiosa non puo' fermarsi al reato, deve per forza comprendere anche i peccati che reati non sono". (SEGUE)

(Com/Wel/ Dire)

CARCERI. CLEMENZA E DIGNITÀ: SONO
COME L'INFERNO -2-
DIRE - 26/07/2011

(DIRE) Roma, 26 lug. - Ecco infatti, continua il presidente di Clemenza e Dignita', Giuseppe Maria Meloni, "che proseguendo il nostro cammino, scopriamo con grande meraviglia, nei pressi di quelle strutture infernali e verso le porte d'ingresso, le sembianze di coloro che non hanno mai commesso alcun

reato, sembianze anche di volti noti: politici, giornalisti, giuristi, intellettuali, persino degli ecclesiastici.
Alla domanda- conclude- "ma Voi come siete giunti
in questo posto, essi ci rispondono: siamo coloro che
per vilta' non hanno mai preso posizione sulla situazione carceraria, siamo quelli che non hanno mai
preso posizione dinanzi alle centinaia e centinaia di
morti, siamo quelli che non si sono adoperati ne' a
favore e ne' contro, siamo gli ignavi e siamo quelli
per cui nella Divina Commedia sta scritto 'Fama di
loro il mondo esser non lassa; misericordia e giustizia
li sdegna: non ragioniam di lor, ma guarda e passa'".

LA PROTESTA DEL 14 AGOSTO CARCERI, (MELONI) CLEMENZA E DIGNITÀ: ADERISCO ALLO SCIOPERO TOTALE DELLA FAME E DELLA SETE
IMGPress - 09/08/2011

(09/08/2011) - "In riferimento alla necessità di una
urgente convocazione straordinaria del Parlamento
sulla drammatica situazione delle carceri e, quindi,
per dare seguito alle recenti parole del Presidente
della Repubblica Giorgio Napolitano, aderisco, con
la convinzione che è propria solo delle buone
battaglie, all'iniziativa dello sciopero totale della
fame e della sete, prevista per il giorno 14 di Agosto

e promossa da Rita Bernardini, Luigi Manconi, Or-
nella Favero, Patrizio Gonnella, Eugenio Sarno, Ric-
cardo Arena e Irene Testa.

E' quanto afferma in una nota Giuseppe Maria
Meloni, presidente di "Clemenza e Dignità".

CARCERI. CLEMENZA E DIGNITA': UNA TRAGEDIA, PRONTI A COLLABORARE
DIRE - 18/08/2011

(DIRE) Roma, 18 ago. - "La drammatica situazione
delle carceri italiane, e la necessita' di ricercare delle
soluzioni urgenti quanto valide, per forza impongono
un generoso contributo comune di forze laiche e credenti, di forze progressiste e conservatrici." Lo dichiara in una nota Giuseppe Maria Meloni, presidente di
Clemenza e Dignita', che aggiunge: "Alla luce dei
tanti decessi si tratta di partecipare insieme ad una
straordinaria battaglia pro life." "Per questi motivi
ed al di la' delle diverse caratterizzazioni politiche, -
conclude - il movimento Clemenza e Dignita', gia'
autore di un Documento aperto per una riforma della
giustizia penale, offre al nuovo Ministro della
Giustizia, Francesco Nitto Palma, la piu' ampia dis-
ponibilita' di collaborazione, quale possibile apporto
di studi, proposte e idee sugli argomenti inerenti la

detenzione."

(Com/Rai/ Dire)

LETTERE & COMMENTI CARCERI, CLEMENZA E DIGNITÀ: LA PENA DOVREBBE CONSISTERE IN UN FATTO POSITIVO PER LA COLLETTIVITÀ
IMGPress - 05/09/2011

(05/09/2011) - Lo Stato non è un direttore spirituale, lo Stato punisce i rei non perché possegga un'autorità sulle anime, sulle coscienze dei singoli, ma semplicemente perché le loro condotte hanno leso dei beni ritenuti d'importanza pubblica, i beni la cui salvaguardia consente una pacifica ed ordinata convivenza civile all'interno dello Stato stesso. Lo dichiara in una nota Giuseppe Maria Meloni, presidente di Clemenza e Dignità. Premesso ciò, - prosegue - possiamo arrivare a comprendere quanto sia errata la nostra attuale concezione di pena, vista prevalentemente come sofferenza individuale, privata, come sofferenze del corpo e pure dell'anima fini a se stesse. In una visione pubblicistica che è l'unica che consente allo Stato di punire, - osserva - la pena non può essere un fatto puramente privato e intimo, la pena deve essere vista sempre in un contesto sociale, deve essere in grado di reintegrare con gli altri e nella

86

società, deve essere in grado di ricomporre quella
frattura con l'ordinamento, provocata dal comportamento antigiuridico. Ora è evidente – aggiunge - che
per ricomporre, per riparare, servono anche degli atteggiamenti positivi, serve il proposito, serve il fare,
serve l'azione, mentre a poco o a nulla possono rile-
vare i pianti, le urla e le grandi disperazioni individuali. Proprio per aderire alla tesi della pena come
fatto pubblico, che è l'unica corretta e legittima, -
conclude – nei molteplici casi per cui il ricorso alla
detenzione non trovi giustificazione nel plausibile
pericolo per la collettività, la pena può e dovrebbe
consistere in un'azione risanatrice, in un fatto positivo, in un concreto vantaggio per gli altri associati
che non hanno contravvenuto alle leggi.

POLITICA & MELONI (CLEMENZA E
DIGNITÀ) OLTRE I DETENUTI CI SONO PIÙ
DI UN MILIONE DI GIOVANI DETENUTI IN
CASA
IMGPress - 26/09/2011

(26/09/2011) - Ci sono i veri detenuti, le cui condizioni di vita, come è noto, sono drammatiche, e ce
ne sono molti altri, ugualmente detenuti, anzi assai
più numerosi dei primi, che scontano quotidianamente la loro penosa detenzione forzata a casa: oltre

un milione di giovani italiani disoccupati. E' quanto
afferma in una nota Giuseppe Maria Meloni, Presidente di Clemenza e Dignità. "I primi – prosegue -
battono le stoviglie oppure le inferriate per protesta,
i secondi sembrano ormai colti da una diffusa rassegnazione, come se avessero perso molta speranza. I
giovani – osserva - essendo molto più numerosi dei
detenuti, e in linea generale, non avendo commesso
alcun reato, ancor di più meriterebbero uno sciopero
totale della fame e della sete per sensibilizzare sulla
loro ingiusta condizione. Per i veri detenuti, – aggiunge – in prospettiva, la soluzione del problema
potrebbe risiedere in un provvedimento di clemenza,
mentre per gli altri, la situazione risulta essere assai
più complessa. Difatti, – conclude Meloni – a parte
gli scontati discorsi di circostanza, il nostro Paese sta
letteralmente consegnando il tempo della gioventù ai
social networks, non sta investendo per la formazione di nuove famiglie, e strutturalmente sembra
aver perso la voglia di futuro, la voglia di program-
mare e di investire, la voglia di costruire qualcosa di
nuovo.

CARCERI: CLEMENZA E DIGNITÀ: 'ESECUZIONE DELLA PENA È PARTE FONDAMENTALE DELLA GIUSTIZIA PENALE

AgenParl - 24/10/2011

(AGENPARL) - Roma, 24 ott - "La giustizia, in linea di massima, non esaurisce mai tutto il suo iter nelle sentenze. Tralasciando il caso degli spontanei adempimenti, le sentenze sono solo il presupposto perché la giustizia possa trasformarsi da dato formale in dato sostanziale." Lo dichiara in una nota Giuseppe Maria Meloni, presidente del movimento Clemenza e Dignità. "C'è, quindi, - prosegue - tanto nella giustizia civile come nella giustizia penale, una fase altrettanto importante che è quella propriamente dell'esecuzione, ovvero dell'esplicazione nella realtà, dei provvedimenti contenuti nei titoli e nelle sentenze. Questa fase è essenziale e determinante, anzi è la più strategica e nobile dell'iter di giustizia, perché dovrebbe scolpire e modellare precisamente nella realtà ciò che è specificamente previsto nelle decisioni dei giudici". "Tuttavia, - osserva - mentre nella giustizia civile, questa fase dell'esecuzione, per gli evidenti interessi sottesi di natura economica, va conservando la sua importanza ed una sua dignità, nella giustizia penale è stata completamente dimenticata, è come se non esistesse, è come se tutto il complessivo iter di giustizia si arrestasse alla fase

89

della discussione e alle sentenze definitive: alle pronunce di condanna o di assoluzione." "Non soltanto nell'opinione pubblica, - rileva - ma anche tra gli stessi operatori del diritto, si è perso molto interesse a conoscere e a comprendere le reali condizioni in cui viene scontata la pena." "Sotto un profilo giuridico, - sottolinea Meloni - questo dato è veramente impressionante, perché così si va privando la giustizia, in questo caso la giustizia penale, dell'ultimo anello, un anello fondamentale della catena". "Difatti, - continua - non è da sottovalutare la circostanza, che se la pena viene eseguita in condizioni anormali e completamente diverse da quelle standard, in condizioni completamente diverse da quelle che erano state immaginate dal legislatore ed utilizzate dallo stesso legislatore come una base di valutazione per l'adeguamento e per la graduazione della punizione alla singola ipotesi di reato, si va creando per il caso concreto e mediante le successive statuizioni dei giudici che di quelle previsioni codicistiche debbono tener conto, un corto circuito che fa venir meno l'esattezza della giustizia al fatto di reato commesso. Inoltre, sotto un profilo culturale, e facendo il raffronto con la giustizia civile, - conclude - lo stesso dato risulta essere ugualmente impressionante, perché costituisce ulteriore testimonianza nel nostro tempo, del primato delle ragioni economiche su quelle umane, dell'inesorabile decadenza della persona, con tutti i suoi diritti fondamentali e la sua dignità."

GIUSEPPE MARIA MELONI – PROBLEMA CARCERI - VIDEO SU YOUTUBE DEL 02-11-2011 – TESTO

Cari amici e care amiche, chiedo pochi minuti del vostro prezioso tempo per parteciparVi delle mie idee e del mio attuale stato d'animo.

Sulle nostre spalle, e molte volte nel silenzio, ognuno di noi porta avanti con grande dignità e con grande coraggio i propri problemi. Ma spesso i problemi non sono solo di natura personale, perché quando ci sono più persone afflitte dalle stesse difficoltà, i problemi si intrecciano e formano una grande rete, i problemi acquisiscono una dimensione che è generale e non più particolare.

Ed è proprio allora che di queste problematiche, dovrebbe occuparsi non più solo l'individuo ma anche e soprattutto la politica.

Io mi chiedo e forse ve lo sarete chiesto anche voi,

ma dov'è la politica in questo momento? Noi la cer-
chiamo e quando ci sembra di averla vista, l'aspettiamo, poi la sollecitiamo, ma non la troviamo mai
fisicamente accanto a noi. E' divenuta impalpabile.
La vediamo solo in televisione. La mia ansia e la vostra ansia assomiglia a quella di chi ha chiamato il soccorso, aspettandolo per ore e ore invano per la strada.

Sulla crisi economica siamo tutti in attesa di risposte
politiche che rilancino effettivamente lo sviluppo del
nostro paese.

Sulla conseguente disoccupazione, siamo in attesa di
risposte che consentano a tutti di trovare una prima
occupazione oppure un altro impiego.

Non siamo in ansia, per una particolare patologia del
comportamento, ma semplicemente perché come
ogni essere umano teniamo ad un minimo di
esistenza dignitosa per le nostre famiglie, ad un minimo di avvenire per le giovani generazioni.

Eppure su queste grandi tematiche che in questo momento interessano tutti, la risposta o le risposte della
politica non sembrano arrivare mai. Si discute, si
parla nei talk show televisivi, si fanno dei sondaggi e
spesso si registrano anche degli animosi scontri, ma
poi non c'è mai nulla di concreto.

Anche su tematiche che solo apparentemente non

92

hanno una dimensione generale, le risposte della politica sembrano poi non arrivare mai.

Vi sto parlando della tragedia delle carceri, e quindi del funzionamento del sistema giustizia che in linea generale dovrebbe, invece, interessare tutti quanti i cittadini.

Per le carceri, ormai da anni, i morti, i suicidi, i tentativi di suicidio, e gli atti di autolesionismo, si susseguono e sono talmente tanti che non fanno più notizia, praticamente se ne sa poco o nulla. Eppure queste persone che sono morte nelle nostre galere, avevano anche loro un volto, avevano anche loro una storia personale, un volto e una storia che probabilmente non conosceremo mai.

Per le carceri, adesso, c'è chi propone di adottare dei provvedimenti di clemenza e chi propone invece di riformare alcuni aspetti della giustizia penale, ma ugualmente, e nonostante tanti propositi, poi non c'è mai nulla di concreto e di risolutivo.

Cari amici e care amiche, è inutile, fare finta di non aver compreso appieno la situazione, stiamo assistendo, in questo particolare momento storico, ad una profonda impotenza dell'individuo e molto probabilmente anche della politica.

E allora, Voi che adesso mi state ascoltando, mi

chiederete che fare?

Amici, io penso che il vero successo, non sia tanto quello di raggiungere il successo. Il vero successo è soprattutto quello di riuscire a mantenersi una persona seria, nelle varie e diverse circostanze dell'esistenza. Ed allora, per essere coerenti, è evidente, che anch'io non posseggo la formula vincente, la formula matematica ed esatta per risolvere la situazione generale e le vostre particolari difficoltà quotidiane. Certo, avrei molte proposte interessanti da avanzare, specialmente in materia di giustizia, ma non ho la presunzione di sentirmi migliore degli altri per il solo fatto di avere delle progettualità.

Non ho la presunzione di sentirmi migliore di chi attualmente governa il nostro paese, per il solo fatto di avere delle idee politiche diverse. Così come non ho la presunzione di sentirmi migliore di chi appartiene ad un'altra generazione, di chi è più anziano di me, per il solo fatto di essere un giovane.

Così come nella vita, anche nella politica, non sono autosufficienti i grandi proclami, le più riuscite esibizioni, la descrizione delle proprie progettualità e le mere dichiarazioni di intenti.

Così come nella vita, la politica produce risultati pos-

itivi per i cittadini, soprattutto quando c'è il sacrificio, il sudore, la fatica, la costanza, l'umiltà. Quando
c'è uno studio approfondito delle problematiche, il
silenzio, la concentrazione, la sobrietà del comportamento, e il senso della responsabilità.

E poi, come in tutti gli altri settori, occorre sempre
un qualcosa che aiuti a guardare anche oltre l'ostacolo, un qualcosa che aiuti a guardare l'ostacolo
come se l'avessimo già superato.

Ed allora, voglio parlarvi proprio della mia esperienza, della mia particolare esperienza in questo movimento Clemenza e Dignità.

Anche noi, abbiamo impiegato tanto tempo per
preparare il terreno, per seminare, per far crescere le
nostre piante, eppure all'esito dei fatti, e nonostante
tanti incredibili sforzi, ancora non abbiamo visto del
tutto compiuto quel bellissimo giardino che avevamo
sognato, che avevamo immaginato.

Non sono stati pochi, quelli che ci hanno suggerito di
lasciar perdere, perché il terreno, quello delle carceri,
è un terreno assai arido e sassoso, è un terreno difficile che non regala facilmente dei frutti e delle sod-
disfazioni.

Eppure, abbiamo deciso di non mollare. Ma abbiamo
deciso di non mollare non perché crediamo solo nelle

nostre abilità.

Vi è mai capitato in un giardino o nella campagna di veder crescere spontaneamente una pianta o un fiore bellissimo, senza che nessuno l'abbia mai seminato, senza che nessuno gli abbia mai dedicato delle particolari cure e attenzioni.

Non siete stati voi, ma è stato il vento a trasportare quel seme nel vostro terreno. Non siete stati voi, ma è stata la natura, da sola, a far crescere quella pianta o quel fiore.

Ecco, questa è la nostra speranza, ed è proprio questa speranza, l'unica formula che mi sento in grado di suggerirvi.

E' la speranza, il sentimento che desidero lasciarvi nel cuore, perché probabilmente è la formula migliore, è la formula migliore per affrontare tutti i gravosi problemi che ci assillano in questo momento.

A presto e grazie molte per la vostra attenzione.

PENSIERI & PAROLE SOCIETÀ & DIRITTO: OCCORRE SEMPRE LA MATURAZIONE DI UNA CONDIVISIONE PUBBLICA DELLA RATIO DELLE LEGGI
IMGPress - 28/11/2011

(28/11/2011) - Il ragionamento più lineare e logico che possa esistere è che per risolvere i problemi del Paese, occorra approvare delle leggi che siano effettivamente in grado di risolverli. Lo dichiara in una nota Giuseppe Maria Meloni, presidente di Clemenza e Dignità, che aggiunge: Tuttavia, il nostro Paese, a ben vedere, già possiede un grandissimo numero di leggi e di regolamenti che vanno disciplinando analiticamente le diverse problematiche, e solo per questo, dovrebbe essere in teoria un paese molto efficiente, un paese assai ordinato e disciplinato. Invece, non appare essere assolutamente così. C'è un aspetto della legislazione, - rileva - al quale solitamente si attribuisce poca importanza, e comunque importanza minore rispetto alla fase di ideazione, redazione e approvazione, ed è l'aspetto dell'obbligatorietà. L'aspetto dell'obbligatorietà – precisa - formalmente si riduce al fatto che le leggi e i regolamenti divengono obbligatori nel decimo quinto giorno successivo a quello della loro pubblicazione. In realtà, e questo è un ragionamento extra giuridico che va oltre il principio ignorantia legis non excusat, una legge per poter essere recepita veramente come obbligatoria richiede anche che il tessuto sociale la conosca perlomeno sommariamente e soprattutto possa comprenderne ed apprezzarne le sue ragioni. Dovendo fare un raffronto con la realtà, - continua – è possibile riscontrare che la più diffusa e generale osservanza delle disposizioni, si ha allorquando il tessuto sociale riesce effettivamente a comprendere lo spirito delle leggi, a comprendere, condividere e apprezzare i motivi e le ragioni delle norme. L'ordinario meccanismo di sanzione delle violazioni di normativa, non è mai in grado di garantire da solo la generale osservanza della legge e per invertire questa tendenza, non risulta neanche possibile ricorrere ancor di più all'estrema ratio della sanzione penale, vivendosi già in un contesto giuridico di panpenalismo esasperato. Pertanto, - secondo Meloni - non è solo con la fine dell'iter di produzione legislativa e con l'ordinaria e consequenziale punizione di alcune delle tante trasgressioni avvenute, che possono affrontarsi e dirsi definitivamente risolti i problemi, occorre sempre che ci sia la maturazione di un orientamento pubblico, la maturazione di un'adesione pubblica verso le norme che prescrivono un certo tipo di comportamento. La massima efficacia di una legge, coincide sempre con la maturazione di una condivisione pubblica della ratio della legge stessa. Quanto detto –

sottolinea - vale per ogni settore della vita associata.
Per esempio non è sufficiente aumentare le sanzioni
per gli evasori fiscali, se non c'è la maturazione di un
sentimento pubblico che riconosca l'importanza per
la collettività del gettito fiscale. Non basta una previsione costituzionale di tutela del paesaggio e del patrimonio storico artistico della nazione, se poi non c'è
assolutamente una presa di coscienza collettiva sulla
grande importanza per l'umanità di questi beni. Non
basta avere dei regolamenti che in materia penitenziaria prescrivano il rispetto di determinati standard
per la vita dei ristretti, se al contempo non c'è una
presa di coscienza collettiva sull'incomprimibile dignità dell'uomo. Non basta una tutela costituzionale
del bene famiglia, se non si tiene affatto viva nella
società contemporanea l'idea di famiglia fondata sul
matrimonio. Per far si che una legge non divenga un
testo morto, - spiega - c'è bisogno sempre e in ogni
settore coperto dalla legislazione, della maturazione
di una convinzione pubblica che un determinato bene
meriti effettivamente una protezione, della maturazione di una convinzione pubblica che un determinato comportamento sia veramente opportuno e doveroso. C'è bisogno della formazione come di una
spontanea consuetudine che accompagni la concomitante vigenza delle leggi e per fare questo, c'è bisogno anche di modelli, di esempi, di opere di spie-

gazione, di persuasione e di sensibilizzazione. Certamente – prosegue - le autorità civili o religiose,
sono in grado di fare opinione, possono aiutare molto
in questo cammino, ma oggi, da sole, queste stesse
autorità non sono sufficienti, poichè i comportamenti
di riferimento per la cittadinanza, provengono sempre più, e spesso attraverso dei modelli che sono contrapposti alle leggi, dal mondo del cinema e della televisione. Proprio la televisione, - dice ancora Meloni
- quale media più penetrante che esista, moltissimo
potrebbe fare, mentre molto poco attualmente fa,
nella formazione di una condivisione pubblica della
ratio delle leggi. Se nelle programmazioni, oltre
all'intrattenimento, si inserissero dei brevi spazi non
politici ma proprio per l'educazione civica dei cittadini, che illustrassero le problematiche del Paese e
spiegassero in maniera semplice e comprensibile le
ragioni e la bontà delle leggi, probabilmente, si for-
merebbe molto più velocemente quel processo pubblico di convinzione che un determinato comportamento sia opportuno e doveroso, anzi obbligatorio.

PENSIERI & PAROLE CARCERI, CLEMENZA E DIGNITÀ: LA SOCIETÀ È CAPACE DI CONDANNARE MA ANCHE DI CAPIRE
IMGPress - 12/12/2011

(12/12/2011) - In un discorso tenuto a Canicattì nel 1984, il magistrato Rosario Livatino, ebbe a dire che il giudice per poter essere accettato dalla società deve essere in grado di condannare ma anche di capire. Si tratta di una frase che apre degli spunti immensi di riflessione. Lo dichiara in una nota Giuseppe Maria Meloni, presidente di Clemenza e Dignità. In particolare, - prosegue - quel capire, è proprio un sinonimo della socialità del diritto, del diritto come materia vivente, del diritto come uno scambio di informazioni, come una relazione anche tra persone. Il rischio di procedere in questo senso – rileva - potrebbe anche essere quello di allargare eccessivamente il concetto di norma giuridica e quindi di sfociare nella sociologia, ma certo è che nei rapporti umani e intersoggettivi, anche laddove non sussista magari una fattispecie contrattuale, tutti quanti noi facciamo comunque riferimento a delle precise norme di comportamento, tutti quanti noi, nei rapporti con gli altri, siamo chiamati a capire, e a volte proprio come se fossimo dei giudici, condanniamo coloro che ci turbano, coloro che offendono la nostra sensibilità, i nostri sentimenti, la nostra onorabilità.

Nel discorso di Livatino, il giudice dovrebbe essere
in grado di condannare ma anche di capire, non perché – osserva - debba mostrarsi per forza buono, per
poi farsi volere del bene dalla società o comunque
per essere tollerato dalla stessa, ma proprio perché
nel contesto sociale tutti quanti gli uomini sono dei
giudici ed emettono dei giudizi, tutti gli uomini emettono delle condanne, delle manifestazioni di riprovazione per certi comportamenti, ma allo stesso tempo
tutti gli uomini, nei limiti personali della loro cultura
e intelletto, si sforzano anche di capire, di comprendere le situazioni. E' proprio nella sintonia tra il
metro di giudizio umano e popolare e il metro di giudizio del giudice, che risiede l'accettazione della figura del giudice stesso. Quanto detto – continua - apparentemente sembra non avere particolari relazioni
con il mondo delle carceri, ma in realtà ne ha moltissime. Coloro che hanno delinquito, sono in particolar modo oggetto di una valutazione che è perlomeno
morale da parte della società in generale. Inoltre, è
proprio sulle carceri, che può verificarsi più facilmente la piena sintonia tra metro di giudizio popolare
e quello del giudice: così come li ha condannati il
giudice, anche la maggior parte di noi condannerebbe
l'omicida oppure lo stupratore, così come ne ha tenuto conto il giudice, anche la maggior parte di noi,
terrebbe conto dello stato di povertà e di indigenza,
per esempio in un modesto furto di generi alimentari.

Ora, tuttavia, - sottolinea - sulla stessa materia delle
carceri è in corso una grande tragedia, e mentre le
sentenze dei giudici già sono state emesse, sarà proprio il giudizio dei cittadini che nel lungo periodo potrà influire nell'eventuale risoluzione del problema.
Difatti, - aggiunge - se la politica è l'unica a
possedere gli strumenti idonei per dirimere la questione, la stessa politica, tuttavia, fa fatica ad occuparsene per timore dello stesso giudizio della cittadinanza. La strada da percorrere – dice ancora Meloni
- è pertanto quella di aiutare la politica nella sua naturale missione. Per fare questo, sarebbe sufficiente
far conoscere adeguatamente la tragedia dei ristretti,
perché il dissenso della cittadinanza venisse da sé.
L'invito rivolto ai cittadini – conclude - è, pertanto,
quello di comportarsi sulla tragedia delle carceri,
ricalcando il modello di giudice del discorso di
Livatino, e quindi, atteggiandosi come sempre e
come farebbero naturalmente: capaci di condannare
ma anche di capire.

CARCERI, IL DOCUMENTO DEL MOVIMENTO CLEMENZA E DIGNITÀ PER UNA RIFORMA DELLA GIUSTIZIA PENALE

AFFARI ITALIANI - il primo quotidiano on-line - 19/12/2011

Lunedì, 19 dicembre 2011 - 13:20:38

"Trascorse solamente poche ore dalle toccanti parole pronunciate dal Papa Benedetto XVI e dal Ministro della Giustizia Severino, in occasione della visita del Pontefice al carcere di Rebibbia, riproponiamo di seguito e sino al termine, nella speranza che ciò possa essere di contributo e di aiuto alle Istituzioni per migliorare la drammatica situazione carceraria di oggi, uno stralcio del Documento aperto per una riforma della Giustizia penale, redatto nel lontano anno 2006 dal movimento Clemenza e Dignità." E' quanto afferma in una nota Giuseppe Maria Meloni, presidente di Clemenza e Dignità, movimento sorto per i diritti dei detenuti e per il progresso del diritto punitivo. "In particolare, Clemenza e Dignità sente dover esprimere la necessità, condivisa anche da moltissimi cittadini, di un nuovo processo penale che abbia la sua radice e la sua ratio, nelle esigenze del rispetto dei valori insiti nella personalità dell'individuo, personalità, che andrebbe, d'ora in poi, sempre compiutamente accertata e valutata anche nei suoi aspetti sociali, culturali, ambientali e psichici.

104

Necessita, quindi, l'introduzione di un nuovo processo che si ponga l'obiettivo non solo di punire ma anche del recupero e/o della tutela degli aspetti positivi della personalità dell'individuo. L'introduzione di un nuovo processo penale, teso al recupero delle valenze positive, insite in qualsiasi essere umano, teso al loro sostegno e sviluppo. L'introduzione di un nuovo processo penale che in tutti i suoi aspetti si ponga come strumento, possibilmente, non traumatico, capace di responsabilizzare il più possibile la persona, attraverso l'introduzione di nuove stimolazioni positive. Un nuovo processo in cui la implicazione punitiva, venga canalizzata ai fini della redenzione, in modo che il contatto con gli apparati della giustizia e l'ingresso nel circuito penale, servano per una possibile uscita dal penale.

Occorre, quindi, secondo le libere osservazioni del Movimento Clemenza e Dignità: 1) un processo ordinario in cui sia anche assicurata la integrata partecipazione di nuovi componenti, in modo che il processo stesso valga a produrre non solo la legalità, attraverso la componente togata, ma anche le innumerevoli valutazioni multi-disciplinari sulla personalità del singolo imputato. 2) nuovi strumenti processuali nel processo ordinario, che, anzichè sospendere l'esecuzione della pena, sospendano il corso del pro-

cesso, per fornire, istantaneamente e non dopo il processo e l'irrogazione della pena, all'autore del reato,
l'opportunità di un riscatto, attraverso una messa alla
prova. Una messa alla prova, durante la quale, l'individuo debole e/o bisognoso, possa anche usufruire di
idonee attività di trattamento e sostegno. Una messa
alla prova, per valutare, nel tempo di sospensione del
processo, le evoluzioni comportamentali dell'individuo, per responsabilizzare il comportamento
dell'individuo stesso anche nell'attività di riparazione delle conseguenze e nella riconciliazione. Una
messa alla prova, che, responsabilizzando senza
punire, possa essere, pure, momento ed occasione per
l'integrazione, culturale, sociale, giuridica delle persone immigrate. Una messa alla prova, in grado anche di estinguere il reato, in caso di suo esito favorevole. 3) nuovi strumenti processuali nel processo ordinario, in grado di fornire la possibilità al giudice di
astenersi dal pronunciare il rinvio a giudizio, di astenersi dal pronunciare condanna, quando rilevate le
circostanze per la valutazione ai fini della pena, presuma con certezza che il colpevole si asterrà dal commettere ulteriori reati. 4) nuovi strumenti processuali
nel processo ordinario, che valutando il pregiudizio
che l'ulteriore corso del procedimento può recare
all'indagato o all'imputato, per la sua personalità, per
le sue esigenze di salute, di studio, di famiglia, di la-

voro, siano, contemporaneamente, meccanismo deflattivo del sistema penale, in grado, quindi, di produrre statuizioni di non luogo a procedere, nelle ipotesi in cui il fatto ascritto, appaia privo di significato criminoso e di concreta rilevanza sociale, alla stregua del grado della colpevolezza, della tenuità delle conseguenze prodotte e della occasionalità del comportamento deviante. 5) nuovi strumenti processuali nel processo ordinario, che tengano conto anche delle condotte riparatorie, idonee a soddisfare le esigenze di riprovazione del reato e quelle di prevenzione, determinando così in caso di riparazione del danno e di eliminazione di tutte le sue conseguenze dannose o pericolose, prima dell'esercizio dell'azione penale, anche l'estinzione del reato.

Inoltre, spostando l'attenzione dai citati aspetti processuali, Clemenza e Dignità vuole esprimere la considerazione, condivisa anche da moltissimi cittadini, che la nostra sicurezza non nasce ad esempio dalle attenuate inibizioni concernenti l'utilizzo di armi a difesa della persona e della casa…. Non tutti hanno le capacità fisiche e/o la coerenza morale e religiosa di difendersi in questo modo.

Vuole esprimere la considerazione, condivisa anche da moltissimi cittadini, che la rieducazione dei condannati, rappresenta il principale mezzo di garanzia della nostra sicurezza.

Vuole esprimere la considerazione, condivisa anche da moltissimi cittadini, che la rieducazione non può essere dissociata dalla punizione, lasciata solo alla buona volontà degli operatori, ma deve essere connaturata in nuove punizioni, capaci ex se di rieducare.

Vuole esprimere la considerazione, condivisa anche da moltissimi cittadini, che il carcere e la privazione di libertà personale, non possono continuare ad essere la pena giusta per ogni tipo di reato, ma debbono essere la conseguenza necessitata dei reati gravi e dei condannati realisticamente pericolosi per la sicurezza sociale.

Per realizzare una valida ed effettiva rieducazione dei condannati e, quindi, per garantire ed accrescere la sicurezza dei cittadini, occorre che vengano codicisticamente previste delle nuove pene, diverse dal carcere, che abbiano anche un certo grado di specificità in relazione alla tipologia del reato commesso e che contemplino anche il compimento di prestazioni di servizio civile e di lavori di utilità sociale. Occorre, quindi, secondo le libere osservazioni del Movimento: 1) l'introduzione ordinaria di lavori di utilità sociale, ovvero prestazioni di attività non retribuita in favore della collettività, da svolgere presso lo Stato, le Regioni, le Province, i Comuni o presso enti o organizzazioni di assistenza sociale e volontariato. Prestazioni di attività non retribuita che contemplino a mero titolo esemplificativo la pulizia nei quartieri e dei parchi, la pulizia degli arenili, la manutenzione e la riparazione dei manti stradali, la raccolta differenziata dei rifiuti urbani, il lavoro presso musei e siti culturali-archeologici-artistici, le attività di sensibilizzazione sui rischi determinati da abuso di sostanze alcoliche e stupefacenti, ecc., ecc.."

CARCERI, "CLEMENZA E DIGNITÀ" AGENPRESS - 09/01/2012

(Agenpress) Pensando alla messa in prova, alla non procedibilità in caso di irrilevanza del fatto, o ad altre ipotesi di innovazione, viene spontaneo significare che le necessarie riforme dovrebbero camminare di pari passo con i provvedimenti tesi allo svuotamento delle carceri." E' quanto afferma in una nota Giuseppe Maria Meloni, presidente di Clemenza e Dignità. "

Far camminare " prosegue - i primi approcci di riforma del sistema, su binari più lenti, rispetto alle discipline per lo svuotamento, può significare non far giungere mai le prime riforme alla loro destinazione."

L'attuale Ministro della Giustizia è persona straordi-
nariamente capace, competente ed umana, e non si
tratta" sottolinea - di un approccio pessimistico alla
questione, fa parte proprio della nostra esperienza,
che è stata già segnata negli anni dai lavori di tante
Commissioni per le riforme dei codici, da tanti dise-
gni di legge che delineavano nuovi scenari di diritto
sostanziale e processuale, senza che poi si giungesse
mai a qualcosa di tangibile." Del resto, - osserva " la
necessità e la massima urgenza di adottare ora delle
nuove regolamentazioni, sono sotto gli occhi di tutti,
trattandosi di un sistema, quello penale, che così
come strutturato oggi non funziona, mettendo a repentaglio l'idea di giustizia, l'idea di pena delineata
dalla Costituzione, e soprattutto, quotidianamente, la
vita di tantissime persone. Solamente ora che vi è una
urgenza oggettiva, può sussistere una convinta volontà a modificare, e non certamente quando l'urgenza sarà ormai trascorsa.

Così come è avvenuto dopo l'indulto del 2006, -
rileva - senza l'avvio di riforme strutturali, tra pochi
anni, ci troveremo nuovamente al punto di non ritorno del drammatico sovraffollamento.Difatti, -
conclude - se i provvedimenti svuota carceri, compresi quelli di natura clemenziale, costituiscono
l'unica soluzione all'attuale tragedia, questi stessi
provvedimenti non costituiscono certamente la vera

soluzione del problema.

LETTERE & COMMENTI CLEMENZA E DIGNITÀ: L'ESTINZIONE DEL REATO DOVREBBE ESSERE UN PREMIO PER LA SUCCESSIVA SANA CONDOTTA
IMGPress - 16/01/2012

(16/01/2012) - Le carceri come delle bombe a orologeria stanno scoppiando, e il dibattito politico, anche se con ritmi più lenti della reale emergenza, va però giungendo al cuore del problema, anzi, della tragedia, ovvero l'opportunità o meno di un provvedimento di clemenza, l'opportunità o meno di un'amnistia. E' quanto afferma in una nota Giuseppe Maria Meloni, presidente di Clemenza e Dignità. In questo modo, - prosegue - vanno emergendo le giuste ragioni umanitarie di coloro che si dicono favorevoli e le giuste ragioni di coloro che, invece, si dicono contrari, temendo quest'ultimi, in particolare, un incremento del fenomeno criminale e del generale senso di insicurezza della cittadinanza. A tal riguardo, e al solo fine di scorgere una possibile via d'intesa e mediana, - osserva - va segnalata un'ulteriore ipotesi da approfondirsi meglio nelle sue possibilità attuative. L'ipotesi per cui possa giungersi per

certe tipologie di reati, non all'automatica e immediata estinzione del reato, ma solo alla temporanea sospensione della rimanente pena ancora da scontarsi.
In sostanza, - continua - sospesa l'esecuzione della
pena, si tratterebbe di rinviare l'estinzione del reato
ad un congruo periodo di tempo successivo, con-
dizionando la stessa estinzione del reato alla mancata
commissione di ulteriori reati nel suddetto periodo di
sospensione dell'esecuzione. Tale sospensione –
rileva - potrebbe essere sempre revocata se entro il
periodo di sospensione venissero commessi degli ulteriori reati. In questo modo, - conclude - rispetto
all'estinzione immediata del reato, si creerebbero anche delle minime condizioni di garanzia per la
sicurezza della cittadinanza, in quanto si produrrebbe
un grande stimolo per una sana e prudente condotta
successiva degli ex detenuti: si avrebbe un reale stimolo al reinserimento delle persone uscite dal carcere
all'interno delle regole della società.

CARCERI: CLEMENZA E DIGNITA', NORME
SANZIONATORIE NON SIANO FULCRO DELL'
ORDINAMENTO
AgenParl - 30/01/2012

(AGENPARL) - Roma, 30 gen - "La tragedia delle
carceri è sotto gli occhi di tutti, e ora, giustamente, si

discute di invertire la rotta, di uscire dall'esasperato panpenalismo, mediante delle non facili operazioni di depenalizzazione." Lo dichiara in una nota Giuseppe Maria Meloni, presidente di Clemenza e Dignità.

"Tuttavia, - prosegue - oltre alla fuoriuscita dall'alveo del penale, è opportuno sottolineare che nel tempo si è sedimentato anche un rapporto non propriamente corretto tra le norme primarie che descrivono i comportamenti ritenuti illeciti e quelle secondarie o sanzionatorie".

"Queste ultime – spiega - dovrebbero avere una funzione residuale, un ruolo meramente secondario ed eventuale rispetto alle prime". "In sostanza, - rileva - le norme sanzionatorie, dovrebbero essere di mero supporto alle norme primarie, dovrebbero essere quelle norme che garantiscono solo l'osservanza delle norme principali".

"Il ragionamento corretto, - sottolinea - dovrebbe quindi essere: se realizzi questo particolare tipo di comportamento sarai punito. Ora, invece, - continua - probabilmente complice un potente senso di insicurezza, si è largamente imposta la seguente mentalità corrente, così riassumibile: se sei punito, allora hai commesso un illecito".

"Questo modo di ragionare, questa visione del diritto quale strumento esclusivamente di forza, - osserva - ci sta portando quasi a banalizzare la portata ed il significato delle norme primarie, per conferire, invece, anche nelle tecniche di redazione legislativa, grande rilevanza alle norme sanzionatorie, come se fossero esse il fulcro dell'ordinamento, come se fossero esse stesse delle norme primarie."

"Tuttavia, - continua - perdendo di vista le norme principali a monte, si perde del tutto di vista, così come sta attualmente accadendo per le carceri, anche il comune senso della proporzione e della graduazione della punizione che invece ci viene agevolmente fornito dalla concreta rilevanza sociale di quanto descritto nella norma primaria o precettiva".

"Il nostro modo di ragionare – conclude Meloni – assomiglia per certi versi alla 'Reine Rechtslehre', o Dottrina pura del Diritto di Hans Kelsen, laddove l'illecito non è direttamente identificabile mediante le norme primarie o precettive, non è pertanto un fatto in sé antigiuridico, e conseguentemente viene punito dall'ordinamento, ma esclusivamente come un fatto che soltanto in quanto punito è in grado di essere definito antigiuridico".

LETTERE & COMMENTI LA COSTITUZIONE È VIVA, SIAMO NOI CHE LA RENDIAMO LETTERA MORTA
IMGPress - 06/02/2012

(06/02/2012) - Penso all'art. 27 della Costituzione laddove è scritto che le pene non possono consistere in trattamenti contrari al senso di umanità e devono tendere alla rieducazione del condannato, e la cosa più istintiva e immediata che mi possa venire in mente, è che la nostra Costituzione sia un testo avulso dalla realtà, ormai del tutto superato dai fatti. Lo dichiara in una nota Giuseppe Maria Meloni, presidente di Clemenza e Dignità, che aggiunge: La stessa cosa, probabilmente, potrebbe venirmi in mente anche con riguardo ai problemi del lavoro, delle famiglie, riguardo al patrimonio artistico e al paesaggio, e così per molte altre tematiche affrontate nel testo costituzionale. Difatti, in linea generale, – spiega - quando si discute di riformare la nostra Costituzione, è proprio perché la si sente troppo distante dalle concrete circostanze vissute di tutti i giorni, proprio perché sembra trattarsi effettivamente di un testo morto, di un semplice pezzo di carta con un valore simbolico perlopiù circoscritto all'interesse storico nazionale. Ma giuridicamente riflettendo, - osserva – è incontrovertibile che i testi costituzionali vengano redatti per plasmare la realtà di una Nazione

115

e non per subirla passivamente. In sostanza, - sottolinea - l'attualizzazione dei testi costituzionali, tendenzialmente, dovrebbe passare per un costante aggiornamento ed aggiustamento della realtà ad essi e non dei testi costituzionali alla realtà. Se si consentisse che delle leggi fondamentali – prosegue – subissero del tutto passivamente la realtà vissuta di un paese, diverrebbe obsoleto e superato anche un testo costituzionale redatto e approvato appena nell'anno precedente." "La nostra Costituzione, - rileva Meloni – in verità è viva, è sana, è vivace, e i principi che essa propone sono ancora oggi validissimi e di portata non solo nazionale ma universale. Siamo noi che lentamente la stiamo rendendo una lettera morta, perché non facciamo più alcuna manutenzione, non vigiliamo più, perché abbiamo smarrito l'entusiasmo iniziale, diamo tutto per scontato, ed abbiamo perso la voglia e la pazienza di adeguare e di scolpire quotidianamente la realtà del paese, seguendo quei grandi principi costituzionali. Per una riflessione collettiva, - conclude - è interessante, allora anche rammentare il discorso di Piero Calamandrei tenuto all'Università di Milano nel 1955, laddove questo illustre giurista e politico ebbe a dire: La Costituzione è un pezzo di carta, la lascio cadere e non si muove: perché si muova bisogna ogni giorno rimetterci dentro il combustibile; bisogna metterci dentro l'impegno, lo spirito, la volontà di mantenere queste promesse, la propria responsabilità.

CARCERI: CLEMENZA E DIGNITA', SI APRA DIBATTITO PARLAMENTARE
ADNK (CRO) - 13/02/2012

CARCERI: CLEMENZA E DIGNITA', SI APRA DIBATTITO PARLAMENTARE TRE DETENUTI MORTI IN POCHE ORE NELLE CARCERI ITALIANE

Roma, 13 feb. (Adnkronos) - Tre detenuti morti in poche ore nelle carceri di Bologna, Roma e Campobasso. "E' veramente troppo poco vergognarsi di questa notizia", commenta in una nota Giuseppe Maria Meloni, presidente di Clemenza e Dignita', che prosegue: "e' necessario aprire un grande dibattito parlamentare per approfondire ed interrogarsi sulla eventuale differenza che corre, in presenza di un reato, tra la pena di morte e far morire innumerevoli persone in occasione di un'altra pena, avendo ben chiara sin dall'inizio e accettando la concreta possibilita' che tale evento della morte si verifichi". Meloni sottolinea che, data la gravita' della situazione nelle nostre carceri, rimarcata da questi ultimi eventi, e "guardando a quanto recita la nostra Costituzione, alla nostra tradizione giuridica e al sempre

117

piu' diffuso atteggiarsi dei politici a credenti e cattolici", la reazione dovrebbe essere di sdegno ed attivare, conseguentemente, il dibattito tra le forze
politiche. Considerato anche che "nonostante la tragedia, ancora si continua a discutere di sicurezza e a
considerare, tutto sommato, la comunicazione degli
operatori e delle associazioni di settore come allar-
mistica, scalmanata e priva di una consistente utilita'
sociale", conclude. (Prf/Zn/Adnkronos) 13-FEB-12
13:14 NNNN

LETTERE & COMMENTI CARCERI, CLEMENZA E DIGNITÀ: SEPARAZIONE TRA DIRITTO E MORALE RENDE DIFFICILE FERMARE TRAGEDIA
IMGPress - 27/02/2012

(27/02/2012) - Rispetto al passato, in Italia, così
come in altre moderne società, si è andata progres-
sivamente costruendo e affermando una morale collettiva che rifiuta l'idea della violenza e del sangue,
che rifiuta la cultura della morte, e che in linea generale presta notevole attenzione ed interesse per il
valore della vita umana e per la dignità di ogni persona. Lo dichiara in una nota Giuseppe Maria
Meloni, presidente di Clemenza e Dignità, che aggiunge: E' da chiedersi allora, come mai se sussiste

questa convinzione collettiva, questo diffuso sentimento, questa evoluzione del pensiero dell'uomo, le
carceri italiane, come un treno impazzito e inarresta-
bile continuino da tempo a mietere moltissime
vittime: sono 11 i suicidi solamente dall'inizio di
quest'anno. Come mai, - rileva - nonostante l'intervento sulla questione delle massime autorità civili e
religiose, nonostante l'attuale e preziosa opera di
sensibilizzazione dei media, e quindi, lo sdegno e la
crescente riprovazione pubblica, nessuno sia in grado
di fermare veramente questo treno. La migliore
risposta, - commenta - è che nel caso di specie non
stiamo vertendo di una tragedia che coinvolge anzi
sconvolge solamente i principi etici e morali maggiormente diffusi nella popolazione, ma di una tragedia, quella delle carceri, che è altresì permeata e con-
notata da naturali ed importanti profili giuridici e di
diritto. Mentre nell'antichità e specialmente
nell'epoca medievale – spiega - il diritto veniva pensato a partire dai principi fondanti della morale, e
tanto è vero di questa tendenza alla sintonia tra diritto
ed etica, che anche Sant'Agostino e San Tommaso
d'Aquino, sostenevano in alcune circostanze la
liceità della pena di morte, oggi il diritto e la morale,
viaggiano, invece, su binari completamente separati.
Non c'è più la ricerca di una giustificazione e di un
riscontro del diritto nella morale. Così se S. Agostino, nel De libero Arbitrio – osserva – scriveva

119

addirittura che "non est lex quae justa non fuerit", ovvero, una legge che non sia giusta non è legge, oggi, invece, la morale e il suo campo d'azione, sono stati ben circoscritti, e trovano ormai un loro apposito spazio solamente nelle coscienze individuali, nella cura delle anime, nella direzione spirituale. E' proprio questa netta cesura, è proprio questa decisa separazione tra l'ambito del diritto e quello della morale, - conclude – probabilmente, la principale causa delle attuali grandi difficoltà nel cercare di arginare l'evolversi di questa tragedia.

CARCERI: MELONI, COSTITUZIONE RESTA UNICO PUNTO FERMO
AgenParl - 10/04/2012

(AGENPARL) - Roma, 10 apr - "Oggi, la pena è sofferenza pura, sofferenza dell'anima e anche del corpo. Questa può essere una concezione del tutto legittima ed insindacabile, ma non è esattamente l'idea delineata nella nostra Costituzione, che discute, invece, di pene tese alla rieducazione del condannato". Lo dichiara in una nota Giuseppe Maria Meloni, presidente di Clemenza e Dignità. "Su questo aspetto, - prosegue – l'equivoco in cui è facile cadere, è pensare che la nostra Costituzione abbia voluto solo proporre una finalità di massima, senza

voler plasmare contemporaneamente la nozione della
pena". "Difatti, come vedremo, - osserva - la pena
per essere in grado di rieducare, deve essere, comunque, caratterizzata, oltre che dalla sofferenza e dal
dolore, da degli ulteriori ed altrettanto importanti
componenti". "Per comprendere appieno lo spirito
costituzionale, - spiega - è opportuno, quindi, soffer-
marsi proprio sul significato del termine rieducare. Il
suo significato letterale, ovvero l'educare di nuovo,
a dir la verità non dice molto, ma costituisce pur sempre un importante indizio". "Difatti, - aggiunge - da
qui, si evince subito la necessità di meditare il concetto dell'educazione, proprio quello che normalmente segna in particolar modo il momento dell'infanzia e pure dell'adolescenza". "Ebbene tutti, ma
proprio tutti, - sottolinea - converranno sul fatto che
l'educazione di una persona, non possa essere caratterizzata solamente dalla componente della sofferenza e della punizione, ma occorrano anche degli ulteriori elementi. Occorre poter praticare delle attività
fisiche, potersi impegnare negli studi, potersi
impegnare in una attività lavorativa, poter seguire degli interessi, coltivare anche delle amicizie e degli affetti". "A sentire, invece, - rileva - le ultime racca-
priccianti notizie sulle carceri, si apprende addirittura
che 16.000 persone ristrette sono soggette all'interno
degli Istituti ad una sorta di contenimento chimico".
"In un momento così difficile, di grande confusione

e smarrimento sulle carceri italiane, dopo essersi discusso a lungo di nuove strutture penitenziarie, di depenalizzazione, di riforme, e di provvedimenti di clemenza, senza, però, giungere mai a qualcosa di concreto e di risolutivo, l'appello – conclude - è pertanto quello di approfondire meglio e seguire l'unico punto fermo che ormai ci rimane, la nostra stella polare: la Costituzione".

IL SENSO DI UMANITÀ NELL'ART. 27 DELLA COSTITUZIONE
AGENPRESS - 23/04/2012

AGENPRESS - La nostra Costituzione, all'art. 27, oltre a rappresentare la circostanza che le pene debbono tendere alla rieducazione del condannato, prima ancora scolpisce un principio assai importante: le pene non possono consistere in trattamenti contrari al senso di umanità. E' quanto afferma in una nota Giuseppe Maria Meloni, presidente di Clemenza e Dignità, che aggiunge: vediamo allora di approfondire meglio il significato di quest'ultima frase. Il senso di umanità, - osserva in questo caso potrebbe apparire come una semplice mitigazione della crudeltà della pena, ma in realtà non è solo questo, vi è molto di più, vi è una causa a monte. Si tratta -

spiega - di una situazione sentimentale ed al contempo di un approccio mentale che sono tutto il contrario dell'odio e dell'inimicizia anche nei confronti
di chi ha delinquito ed è colpevole. Si tratta come di
un vincolo, di un legame che unisce, in virtù del
quale necessita non solo di rispettare, ma anche di
sforzarsi di amare tutti gli altri uomini. Esistono -
rileva - due grandi radici che storicamente hanno sos-
tenuto lo sviluppo di questo concetto del senso di
umanità. La prima radice è laica ed anche se ha avuto
minor fortuna dei principi di libertà ed uguaglianza
ha contribuito molto nello sviluppo delle moderne
democrazie: si tratta del concetto di fraternitè proprio
della rivoluzione francese. Mentre la seconda radice
- conclude - è religiosa e si identifica nel Vi do un
comandamento nuovo: che vi amiate gli uni gli altri;
come io ho amato voi; così amatevi anche voi gli uni
gli altri.

PENSIERI & PAROLE IL PROBLEMA DELLA CUSTODIA CAUTELARE IN CARCERE, RISIEDE NEL CODICE

IMGPress - 22/05/2012

(22/05/2012) - "Quando si discute di un abuso della
custodia cautelare in carcere, si dice una cosa che formalmente non è propriamente corretta." E' quanto

afferma in una nota Giuseppe Maria Meloni, presidente di Clemenza e Dignità, che aggiunge: "Nel processo, e in questo caso nel processo penale, i giudici, i pubblici ministeri e gli avvocati, hanno ciascuno uno specifico ruolo, ma tutti si muovono pur sempre nell'ambito della legge, di ciò che è codicisticamente previsto o di interpretazioni, ragionamenti e valutazioni che sono codicisticamente consentiti." "In sostanza, - prosegue - possono variare le modalità di esecuzione che sono proprie delle singole personalità e delle diverse sensibilità, ma il brano, lo spartito, è sempre lo stesso per tutti." "Da qui – osserva - si spiega il fenomeno che viene definito di abuso della custodia cautelare in carcere: non si tratta solo di qualche eccesso individuale, di qualche errore umano sempre possibile o di un massivo orientamento anomalo nell'ambito del processo penale, ma di un problema che è così grande, perchè è codicistico e quindi va coinvolgendo, come è naturale, tutti i Tribunali della Repubblica." "Questa precisazione, - sottolinea - non toglie la necessità di ridimensionare il ricorso a questa misura ed allo stesso tempo avvalora il fatto dell'opportunità di rimeditare il sistema delle misure soprattutto per la ragione di consentire una maggiore aderenza ed una tendenziale conformità con l'art. 27 della Costituzione". "Difatti, - sostiene – se l'art. 27 Cost., recita che "l'imputato non è considerato colpevole sino alla condanna definitiva", ad esempio più significativo di capovolgimento della ratio dello stesso articolo, può rappresentarsi che non sono pochi i casi di custodie cautelari in carcere, a cui fanno seguito delle sentenze di assoluzione." "Probabilmente, - continua - per quanto concerne la custodia cautelare in carcere, non è sufficiente dire che essa possa essere disposta soltanto quando ogni altra misura risulti inadeguata, non basta dire che la custodia cautelare in carcere possa essere disposta solo per delitti, consumati o tentati, per i quali sia prevista la pena della reclusione non inferiore nel massimo a 4 anni. Bisogna restringere gli spazi di valutazione, restringere le tante e possibili valutazioni di proporzionalità della misura all'entità del fatto e alla sanzione che sia stata o si ritiene possa essere irrogata, restringere le tante e possibili valutazioni inerenti il pericolo di fuga, il pericolo di inquinamento delle prove, il pericolo della commissione di gravi delitti con uso di armi o di altri mezzi di violenza personale o diretti contro l'ordine costituzionale ovvero delitti di criminalità organizzata o della stessa specie di quello per cui si procede." "Sarebbe quindi necessario – precisa - inserire degli elementi maggiormente tassativi e inequivocabili." "Il Codice, difatti, - spiega - sembra più preoccuparsi di esporre i casi in cui non possa essere disposta la custodia cautelare in carcere, che esporre precisamente i casi in cui debba essere disposta. Inoltre, non c'è una precisa esplicitazione degli elementi da cui trarre l'inadeguatezza delle altre misure che è la condizione necessaria per l'applicazione della custodia in carcere." "Pertanto, necessita una prospettiva di riforma ed in quest'ottica - conclude – potrebbe anche ragionarsi nel senso di una maggiore specificazione delle figure di reato, che effettivamente giustifichino la misura della custodia in carcere."

LETTERE & COMMENTI CARCERI, CLEMENZA E DIGNITÀ: PIENA FIDUCIA IN RIFORME
IMGPress - 31/05/2012

(31/05/2012) - Dovendo fare un punto della situazione, il provvedimento "svuota carceri", adottato da questo Governo, ha rappresentato certamente un primo importante segnale positivo, un segnale di attenzione verso un mondo che è stato per troppo tempo dimenticato. E' quanto afferma in una nota Giuseppe Maria Meloni, presidente di Clemenza e Dignità. Ora, però, - prosegue - servono assolutamente delle riforme, servono delle misure molto coraggiose ed innovative. Su questo aspetto, - osserva - le trascorse esperienze di tante parole spese e dei pochi fatti seguiti, indurrebbero a non essere propriamente ottimisti. Tuttavia, - conclude - su questo grave problema delle carceri, così come su molti altri che attualmente assillano il nostro Paese, tutti, invece, debbono esercitarsi in quel grande sforzo intellettuale, che è preparatorio ed imprescindibile al fine di una effettiva risoluzione di qualsiasi questione: pensare positivo e crederci sempre.

CARCERI: CLEMENZA E DIGNITA', GLI
ANGELI DELLA VITA INDOSSANO UN
BASCO DI COLORE AZZURRO
AgenParl - 25/06/2012

(AGENPARL) - Roma, 25 giu - "Da tempo, la situazione di civiltà e di umanità delle nostre carceri ha toccato il fondo, ma un recente suicidio, quello di una giovane donna, madre di due bambini, è probabilmente indicativo della circostanza che siamo in procinto di superare anche tale limite. Aggiungo una breve considerazione: come cittadino italiano mi sento in dovere di ringraziare pubblicamente l'operato del Corpo di Polizia Penitenziaria. L'operato di persone che, lavorando nel contesto di situazioni esplosive e drammatiche, riescono a salvare quotidianamente molte vite umane, l'operato di persone che,

non si limitano a svolgere solo il loro compito di ufficio, ma ne svolgono al contempo un altro, quello di
angeli della vita." E' quanto afferma in una nota
Giuseppe Maria Meloni, Presidente di Clemenza e
Dignità.

FATTI & MISFATTI CARCERI: CLEMENZA E DIGNITÀ, CI SONO FATTORI DI RESISTENZA A POSSIBILI SOLUZIONI
IMGPress - 16/07/2012

(16/07/2012) - "I suicidi non si fermano, le condizioni di disumanità delle nostre carceri sono da
anni sotto gli occhi di tutti, eppure ancora oggi si fa
fatica a rintracciare uno sdegno unanime e convinto,
una volontà comune per risolvere veramente questa
situazione." E' quanto afferma in una nota Giuseppe
Maria Meloni, presidente di Clemenza e Dignità. "Il
primo fattore di resistenza a delle possibili soluzioni,
- prosegue - è costituito dall'elementare quanto giusto principio per cui chi ha infranto la legge, deve poi
scontare la sua pena. I tanti che si arroccano dietro
questa incontestabile considerazione, dimenticano,
però, che la legge non è sospesa e non cessa di
esistere una volta entrati nei penitenziari, ma continua ad espletare ugualmente e perfettamente la sua
efficacia anche per tutto il periodo della detenzione.

In questo modo, - rileva - sarebbe estremamente utile alla loro lucidità di ragionamento, rintracciare mentalmente quante possibili violazioni di legge vadano concretizzandosi in un siffatto e atroce regime di detenzione. Tuttavia, - aggiunge – per onestà intellettuale, va detto che, anche inducendo questi stessi a tale riflessione, si garantirebbe loro una maggiore logicità di pensiero, mentre, probabilmente e nei fatti, non si andrebbe oltre tale risultato meramente teorico." "Esiste, infatti, - osserva - un secondo fattore di resistenza a delle possibili soluzioni, un dato che è ugualmente giuridico e che non incoraggia certo l'attenzione e la sollecitudine delle Istituzioni a fermare la tragedia." "Si tratta – conclude - del dato per cui dell'odierna tragedia delle carceri, tutti sono responsabili, ma nessuno è veramente responsabile: si tratta del principio per cui "societas delinquere non potest", si tratta del principio per cui le pene debbono tendere alla rieducazione del condannato, si tratta del principio per cui la responsabilità penale è personale".

CARCERI: I PARTITI SI PRONUNCINO SU NODI IRRISOLTI IN VISTA DI ELEZIONI
AgenParl - 23/07/2012

(AGENPARL) - Roma, 23 lug - "Le elezioni

politiche, sembrano ancora non molto vicine, ma in realtà, già tra pochi mesi, il Paese si troverà in piena campagna elettorale. A tal riguardo, e pensando sempre all'annoso dramma delle carceri italiane, sarebbe scelta coerente e trasparente nei riguardi della cittadinanza, se i partiti, anche attraverso dei programmi, illustrassero oggi, cosa intenderanno fare per risolvere questo problema, domani." "In particolare, trattandosi di un tema che non sarà suscettibile di rinvii nella trattazione e che coinvolgerà di riflesso anche la sicurezza delle persone, sarebbe cosa utile poter conoscere in anticipo, le scelte strategiche di fondo, le future politiche in materia di giustizia penale: se i partiti intenderanno puntare sulla costruzione di nuovi penitenziari, sulle misure alternative, sulle depenalizzazioni, e se saranno propensi o meno ad approvare un provvedimento di clemenza".

E' quanto afferma in una nota Giuseppe Maria Meloni, presidente di Clemenza e Dignità.

CARCERI. CLEMENZA E DIGNITÀ: DOMANI SCIOPERO FAME-SETE L'INIZIATIVA DEL PRESIDENTE, DOMANI DALLE 8 ALLE 20. DIRE - 13/08/2012

(DIRE) Roma, 13 ago. - "E' trascorso un anno dallo sciopero della fame e della sete del 14 agosto del 130

2011, promosso al fine di una urgente convocazione straordinaria del Parlamento sulla drammatica situazione delle carceri, e nel mentre, la situazione degli stessi penitenziari non sembra essere particolarmente migliorata, anche se sono comunque comparsi all'orizzonte dei segnali di incoraggiamento, perlomeno dei tentativi di manovra per invertire la rotta. Per non rendere vana l'iniziativa dello scorso anno ed anzi per dargli continuita', per cercare di amplificare i gemiti e le urla che provengono dalle carceri, resi impercettibili dal grande silenzio dei media, nella giornata di domani 14 agosto, faro' nuovamente, dalle ore 8 del mattino, alle ore 20 della sera, lo sciopero totale della fame e della sete." E' quanto afferma in una nota Giuseppe Maria Meloni, presidente di Clemenza e Dignita', associazione sorta nel 2006, per i diritti dei detenuti e per il progresso del diritto punitivo.

(Ami/ Dire)

10:36 13-08-12

CARCERI, CLEMENZA E DIGNITÀ: È ORA DI USCIRE DALLA LOGICA DEL DETENUTO IGNOTO

AFFARI ITALIANI - il primo quotidiano on-line - 31/08/2012

Venerdì, 31 agosto 2012 - 12:33:00

"Con il recente e triste accadimento di Udine, salgono a 36 i suicidi nelle carceri italiane dall'inizio dell'anno." Lo dichiara in una nota Giuseppe Maria Meloni, presidente di Clemenza e Dignità. "Il 36, - prosegue - però è semplicemente un numero, come potrebbe essere anche il 114."

"I numeri, a cui costantemente si fa ricorso nella tragedia penitenziaria, - rileva - descrivono precisamente una quantità, ma gli stessi numeri da soli non sono in grado di descrivere altrettanto esaustivamente la qualità delle cose che sono assoggettate al calcolo."

"E' necessario, quindi, - spiega – al di là del giudizio di disapprovazione sui comportamenti pregressi, aggiungere sempre che stiamo trattando di persone, di uomini e donne in carne ed ossa, che evidentemente avevano anche loro un volto, una storia personale, degli affetti, una fede o comunque delle speranze."
"Pertanto, - sottolinea - se non altro per il rispetto che

132

meritano tutti i defunti, sarebbe cosa civile uscire finalmente dalla logica del detenuto ignoto."

"In sostanza, - conclude - sarebbe una bella manifestazione di progresso civile e sarebbe cosa molto utile per ricordare alla gente che stiamo vertendo di esseri umani, se i media, anzichè limitarsi a descrivere la tragedia carceraria mediante l'aritmetica dei decessi, iniziassero a fare giornalismo d'inchiesta per far conoscere al pubblico i volti e soprattutto le storie di queste persone che non ci sono più."

LETTERE: A PROPOSITO DI
IDENTIFICAZIONE DEL SUICIDIO NEI
LUOGHI DI RECLUSIONE
RISTRETTI ORIZZONTI (www.ristretti.org) -
03/09/2012

Ristretti Orizzonti, 3 settembre 2012

Come non essere grati a Giuseppe Maria Meloni, di Clemenza e Dignità, per avere richiamato l'attenzione degli uomini di buona volontà intorno alle storie che fanno da sfondo al computo dei suicidi oltre le sbarre? E non alludo solo alla cronaca delle vite smorzate, ma anche a quella costellazione, mai casuale, di eventi che accompagna ogni morte e in cui si rintracciano approssimazione, accidia, arroganza.

133

L'approssimazione della stessa aritmetica, visto che
non risultano morti per auto soppressione nei reclu-
sori quei decessi avvenuti fuori del carcere - nella
ambulanza che accompagna il moribondo in
ospedale o nello stesso ospedale - ma in seguito a un
tentativo di suicidio intra moenia; visto, inoltre, che
si continua a insistere sull'aumento del numero dei
suicidi, quando questo risulta percentualmente falso
(basta paragonare i dati del 2001 e del 2011, come
abbiamo già avuto modo di sottolineare).

L'accidia di chi non considera come degli aggiusta-
menti procedurali pensati potrebbero contribuire a
ridurre il rischio di morte in carcere, legata non semplicemente al sovraffollamento, ma ad esempio alla
impropria concentrazione dei problemi psicopato-
logici in alcune realtà, al mancato allestimento di
aree autentiche di osservazione psichiatrica e di for-
mule affidabili di accoglienza per coloro che fanno
ingresso in un penitenziario, alla scarsa conoscenza
della organizzazione penitenziaria e sanitaria di pre-
sidi della cui funzione e delle cui competenze ciascuno si sente autorizzato a dare una privata interpretazione, con tutti i rischi che ne derivano.

L'arroganza di chi non desidera essere disturbato e
ostacola una collaborazione interdisciplinare efficace, nella quale a ordini e disposizioni vuoti di senso

si sostituiscano tempestive comunicazioni inter isti-
tuzionali e il rispetto reciproco dei compiti assegnati.
Non serve fare appello alla solidarietà, perché parola
sfibrata dal suo abuso nei decenni passati, meglio
richiamarsi alla responsabilità e alla apparente magia
della passione civile.

Di tutte quelle morti sono responsabili l'approssimazione, l'accidia, l'arroganza e chi ne è interprete più
o meno consapevole. A questa responsabilità che sta
dietro il titolo che Paolo Cendon diede a un suo libro
ormai datato, "Colpa vostra se mi uccido", si con-
trappone la passione civile in grado di fare miracoli:
il miracolo della colomba bianca che entra nella
stanza del carcere in cui il Cardinal Martini, con la
mente del cuore e con lo Spirito Santo dalla sua, il-
lustra ai detenuti il significato profondo del Giubileo.
Un aneddoto lieve, gentile, luminoso per la cui partecipazione agli interessati il grazie va a Luigi Pa-
gano, Vicedirettore del Dipartimento della Amministrazione Penitenziaria.

Gemma Brandi, Psichiatra psicoanalista

Responsabile della Salute Mentale di Firenze 4 e degli Istituti di Pena di Firenze

CARCERI. E' IN GIOCO IL PATRIMONIO GENETICO DEL DIRITTO DELL'INTERA UMANITÀ
AGENPRESS - 24/09/2012

AGENPRESS - "Il silenzio che sta avvolgendo nuovamente il mondo delle carceri, preoccupa enormemente." E' quanto afferma in una nota Giuseppe Maria Meloni, presidente di Clemenza e Dignità. "Si dice che attualmente non sussista un ampio consenso circa un provvedimento di clemenza, ma – prosegue - evidentemente non si è compreso bene e sino in fondo l'oggetto della problematica, non si è compreso bene e sino in fondo cosa vi è in gioco." "Non stiamo vertendo – sottolinea - di un atto di compassione e di pietà, non stiamo vertendo di un privilegio, di una particolare attenzione nei riguardi di una categoria di persone, non stiamo vertendo realisticamente neanche di un atto di perdono." "Gli uomini possono perdonare, lo Stato – spiega - che è una persona giuridica non ha veramente questa facoltà." "Stiamo vertendo – osserva - di una abnorme violazione di diritti costituzionali, stiamo vertendo di una diffusa violazione dei diritti dell'uomo. Stiamo, quindi, vertendo di diritti, quali la vita, la salute, la dignità della persona umana, che anche se non trovassero alcuna collocazione nel nostro sistema normativo, sarebbero ugualmente previsti nel sistema

fondamentalmente naturale dell'uomo e della società." "Ecco, - conclude - tramite questo silenzio,
tramite questi continui rinvii nella trattazione della
problematica, non solo non stiamo sospendendo la
tragedia, ma stiamo umiliando e rifiutando proprio
il patrimonio genetico del diritto dell'intera umanità,
il nostro DNA: il diritto a cui ci verrebbe naturale
pensare anche se non fosse scritto e previsto in alcun
testo legislativo."

FATTI & MISFATTI CARCERI, CLEMENZA E
DIGNITÀ: INTERVENTO DEL PRESIDENTE
DELLA REPUBBLICA, APRE SPUNTI DI
RIFLESSIONE
IMGPress - 01/10/2012

(01/10/2012) - Le recenti parole del Presidente della
Repubblica sulle carceri, sono state una luce, un faro
che ha illuminato il buio impenetrabile delle carceri
italiane, il buio delle soluzioni politiche al sovraffollamento, il buio della mente e la notte dell'anima di
chi è ristretto. Lo dichiara in una nota Giuseppe Maria Meloni, presidente di Clemenza e Dignità. "Come
responsabile di questo movimento, - prosegue - che
da anni e nel buio delle difficoltà e della diffidenza,
si adopera per i diritti dei detenuti e per il progresso
del diritto punitivo, desidero esprimere gratitudine

per questo auspicato chiarore, nonchè il più sentito
apprezzamento per questa nobile iniziativa che è a
salvaguardia di diritti costituzionali, di diritti propriamente dell'uomo. A tal riguardo – aggiunge - e proprio su questi aspetti giuridici, sul diritto alla vita,
alla salute, sulla dignità dell'essere umano, diritti che
appartengono a tutti e anche alle persone detenute,
l'occasione dell'intervento del Presidente della Repubblica, mi ha condotto a elaborare di seguito tre
generi di riflessioni tra di loro collegate, in cui posso
dire di credere fermamente e che ritengo molto utili
per una migliore comprensione di questa tragedia che
è umana ma anche giuridica." "Non è sufficiente –
osserva - che dei diritti siano formalmente stabiliti e
chiaramente delineati, è necessario che questi diritti
possano poi trovare una effettiva ed estremamente
diffusa manifestazione nella realtà. Se non si assicura
adeguatamente quest'ultimo aspetto, se non si garantisce ad una persona l'effettivo esercizio e la concreta realizzazione di un diritto, lo stesso diritto anche qualora previsto in leggi fondamentali, è come se
non esistesse." "Per questo motivo, – sottolinea -
come è importante la fase di redazione ed approvazione legislativa, altrettanto importante, al fine di
correggere le anomalie e le disfunzioni giuridiche
che potrebbero cagionare l'inesistenza fattuale di un
diritto, è la fase di attento monitoraggio circa l'ef-

fettiva praticabilità dei diritti già previsti." "La praticabilità di un diritto, - spiega - in un'epoca di consol-
idata democrazia e che è distante culturalmente dai
regimi oppressivi della storia, deve essere necessariamente misurata e testata secondo criteri di stretta
verità e per essere misurata e testata in maniera reale,
la valutazione della praticabilità di un diritto deve essere effettuata anche quando il sistema complessivo
ordinamentale, quello che garantisce i diritti previsti
nei testi normativi, va sotto massimo sforzo e fa più
fatica." "In sostanza, - conclude Meloni - la praticabilità di un diritto per essere misurata e testata in maniera reale deve tener conto non solo delle ordinarie
e più comuni situazioni ma anche e soprattutto di
tutte le possibili circostanze limite ed estreme: della
vita nei penitenziari così come delle situazioni in cui
si annidano più facilmente povertà, disuguaglianze,
sofferenza e grande emarginazione sociale."

LETTERE & COMMENTI CARCERI, MELONI
(CLEMENZA E DIGNITÀ): OLTRE AD
AMNISTIA E INDULTO, IPOTIZZIAMO UNA
TERZA VIA
IMGPress - 29/10/2012

(29/10/2012) - I morti e i suicidi nelle carceri si susseguono, e non è più possibile rimanere inerti, non è

più possibile perdere dell'ulteriore tempo per intervenire. E' quanto afferma in una nota Giuseppe Maria Meloni del Movimento Clemenza e Dignità, che aggiunge: La situazione è esplosiva e il tempo dei provvedimenti palliativi, delle suggestive progettualità sulle pene alternative, su nuovi istituti di diritto processuale, sulle depenalizzazioni, è ormai definitivamente scaduto. Tuttavia, il vero problema è che non sussistono degli strumenti a nostra disposizione che siano al contempo veramente efficaci e facilmente azionabili. In sostanza, - prosegue - nell'attuale situazione vi è la necessità e la massima urgenza di un provvedimento di ampia portata e di natura generale, ma sia che si decida di intervenire con un provvedimento che estingua la pena, oppure che estingua il reato, si è per forza vincolati dall'art. 79 della Costituzione, che prevede la concessione dell'amnistia e dell'indulto, mediante legge deliberata a maggioranza dei due terzi dei componenti di ciascuna Camera, in ogni suo articolo e nella votazione finale. Le condizioni politiche – osserva - per determinare una così ampia maggioranza, le condizioni per l'amnistia e l'indulto, non sono mai facili da realizzarsi e nonostante la tragedia in atto e tanta lodevole opera di sensibilizzazione, non sembrano ancora sussistere attualmente. Ugualmente la modifica delle stesse maggioranze richieste dall'art. 79 della Costituzione, rappresenterebbe una impresa a dir poco improba. L'unico modo per cercare di fermare la grande tragedia in corso, - spiega - sarebbe uscire definitivamente dalla logica classica dell'estinzione della pena o del reato, per puntare ad un provvedimento di natura generale adottato dal Parlamento che sospenda in determinati casi, sic et simpliciter l'esecuzione della pena. Il fatto – dice ancora Meloni - che non sussista nel codice penale una tipizzazione di questo provvedimento generale, il fatto che non sussista nella Carta Costituzionale un relativo inquadramento normativo, e il fatto che storicamente nella Repubblica si sia sempre proceduto ad affrontare tali problematiche mediante l'amnistia o l'indulto, non costituiscono dei fattori ostativi all'adozione di questo particolare rimedio, in assenza di espliciti divieti in tal senso della sospensione o di disposizioni con le quali si andrebbero a produrre direttamente o indirettamente delle inconciliabilità. Del resto, sussistono poi evidenti ragioni di urgenza sul piano umanitario ed evidenti ragioni di urgenza sul piano giuridico, determinate dalla persistente violazione di diritti costituzionali, dalla violazione di diritti propriamente dell'uomo e della Convenzione dei suoi diritti, che giustificherebbero pienamente l'adozione di misure anche al di fuori delle prassi più consolidate. Mediante la mera sospensione dell'esecuzione della pena, - continua – si renderebbe molto più agevole l'iter di approvazione

parlamentare, si aggirerebbe l'ostacolo della maggioranza dei due terzi, e verosimilmente non si incor-
rerebbe in alcuna tipologia di conflitto con le previsioni costituzionali. In sostanza, - rileva - per i reati
commessi sino ad una certa data da stabilirsi, con
esclusione di quelli di maggior allarme sociale quali
terrorismo, strage, banda armata, usura, mafia, ecc, e
per i condannati che per esempio abbiano già
scontato la metà o comunque una parte della loro
pena, potrebbe addivenirsi alla sospensione della
esecuzione della parte di pena detentiva ancora da
scontarsi. In questo caso, - sostiene Meloni - trattandosi di un provvedimento ugualmente di natura generale e al fine di evitare incompatibilità con gli istituti
dell'amnistia e dell'indulto compreso quello condizionato, non si produrrebbe però alcuna estinzione
del reato o della pena. Il non aver commesso ulteriori
reati, il positivo comportamento tenuto dal condannato durante il periodo di sospensione, non
produrrebbero l'estinzione della pena o del reato. Si
tratterebbe, quindi, - sottolinea - di una sospensione
di carattere tendenzialmente permanente nel tempo,
nel senso che il complessivo periodo della sospensione non coinciderebbe strettamente con il periodo
della rimanente parte di pena ancora da scontarsi o
con un diverso termine prestabilito e non produrrebbe quale esito finale l'estinzione del reato o della
pena decorso il tempo della restante parte di pena da

scontarsi o in un ulteriore e diverso termine." "In altre parole ed in assenza di futuri provvedimenti ap-
plicabili alle casistiche di specie, che estinguano proprio il reato o la pena, si decadrebbe da tale beneficio,
ovvero la sospensione cesserebbe, e la rimanente
pena da eseguirsi riacquisterebbe piena rilevanza per
l'esecuzione, - precisa - solamente nel caso e nel momento della commissione di ulteriori reati, che ipo-
teticamente potrebbero essere quelli della stessa indole. La cessazione della sospensione, quindi,
sarebbe nella prospettata ipotesi, un avvenimento di
cui si ignora se avverrà e quando avverrà, quindi, tecnicamente, una condizione e non un termine." "Naturalmente – espone - sarà necessario esplicitare che
durante il periodo di sospensione non trascorra il
tempo necessario alla prescrizione della pena, per
quanto già nell'art. 172 c.p. e nel richiamo effettuato
dall'art. 173 c.p., vi è scritto che: "Se l'esecuzione
della pena è subordinata alla scadenza di un termine
o al verificarsi di una condizione, il tempo necessario
per la estinzione della pena decorre dal giorno in cui
il termine è scaduto o la condizione si è verificata.""
"Inoltre, in questo caso – commenta – il condannato
durante il periodo di sospensione non sarebbe sottoposto ad alcuna misura, trattandosi di un
provvedimento di natura generale che coinvol-
gerebbe innumerevoli persone e che renderebbe di

fatto impossibile l'esecuzione di controlli e accertamenti circa delle particolari prescrizioni. In questo caso, non essendo nel mentre il condannato sottoposto a misure di sicurezza, quali la libertà vigilata, e non sopportando, quindi, in concreto alcuna entità afflittiva durante il periodo di sospensione, il complessivo periodo di sospensione sarebbe, poi, ininfluente al fine del calcolo della pena detentiva ancora da espiare, la quale pertanto nel suo profilo temporale e di durata, rimarrebbe del tutto integra. Si verificherebbe, quindi, una volta intervenuta una causa di cessazione della sospensione, un effetto risolutivo ex tunc dello stesso periodo di sospensione. In sostanza, cessata la sospensione a seguito della commissione di ulteriori reati, la stessa identica parte di pena che rimaneva ancora da scontare, deve essere poi in concreto eseguita." "Pertanto, - ribadisce – in questo studio, in questa progettualità di specie, l'esecuzione della rimanente parte di pena ancora da scontarsi, rimarrebbe sospesa sino alla commissione di ulteriori delitti o contravvenzioni della stessa indole o comunque volendo anche prospettare una ipotesi più generale, sino a che la condotta del soggetto, in relazione alla condanna subita, appaia incompatibile con il mantenimento del beneficio." "Si tratterebbe – conclude Meloni – di un provvedimento occasionato dall'urgenza e dall'impossibilità momentanea di adottare gli strumenti dell'amnistia e dell'indulto, ma che conterrebbe rispetto a questi ultimi, anche innumerevoli risvolti positivi. In primo luogo, si potrebbe procedere ad una azione molto più mirata, coinvolgendo solo i soggetti che abbiano già pagato, seppure parzialmente, il loro conto con la giustizia, ed in secondo luogo, non procedendosi mai all'estinzione del reato o della pena, si stimolerebbe in modo straordinario il condannato a tenere una buona condotta, non nell'ambito di limiti prestabiliti di tempo, ma senza alcun limite di tempo."

LETTERE & COMMENTI CARCERI, ASS.
CLEMENZA E DIGNITÀ: IL GOVERNO LASCI
UN SEGNO TANGIBILE DI SPERANZA
IMGPress - 20/11/2012

(20/11/2012) - "Un governo tecnico, che quindi deve raffrontarsi solo con le leggi, con le regole di buona amministrazione, e non è strettamente condizionato dalla ricerca o dal mantenimento di un consenso, può svolgere in materia di carceri, un'azione assai più incisiva di un governo politico. Manca poco al termine di questa legislatura, e vista la situazione sempre più disperata delle carceri, formulo molto rispettosamente un appello che è veramente accorato al Sig. Presidente del Consiglio dei Ministri ed al

Ministro della Giustizia, perché venga lasciato perlomeno un segno, un segno tangibile di speranza, in un
mondo che sembra essere stato dimenticato dallo
Stato, dalla politica, dai media e dalla società". E'
quanto afferma in una nota Giuseppe Maria Meloni
dell'Associazione Clemenza e Dignità.

PD: MELONI (CLEMENZA E DIGNITA'), DISPONIBILE A CANDIDARMI PER IL DRAMMA CARCERI
AgenParl - 14/12/2012

(AGENPARL) - Roma, 14 dic - "Tanti anni di fati-
coso lavoro di approfondimento e di ricerca giuridica, tanti anni di faticosa opera di comunicazione
per la sensibilizzazione costante sulla penosa e disu-
mana condizione dei detenuti, senza che poi, anche
al termine di questa legislatura, si potesse registrare
un qualcosa di concreto, qualche apprezzabile innovazione o qualche minimo miglioramento nel mondo
delle carceri. Per questo motivo, per riaffermare la
presenza di questo grande dramma umano e giuridico
che è tuttora irrisolto, e soprattutto per dare adesso
molta più forza, un suono politico, a quell'urlo di
dolore che proviene dagli ultimi della società e,
quindi, dalle carceri italiani, desidero, in caso fosse
ritenuto proficuo e valido per l'arricchimento del

146

generale dibattito e della competizione, offrire al Partito democratico, ai suoi organi direttivi e territoriali, la mia personale disponibilità a candidarmi, per partecipare alle primarie finalizzate alla scelta dei parlamentari del Pd." E' quanto afferma in una nota l'Avvocato Giuseppe Maria Meloni, presidente di Clemenza e Dignità.

CARCERI: CLEMENZA E DIGNITA', LA
POLITICA NON E' PER COMMENTARE MA
PER FARE
AgenParl - 09/01/2013

(AGENPARL) - Roma, 09 gen - "La condanna della Corte europea dei diritti dell'uomo per il trattamento inumano e degradante nelle carceri, è una notizia che non solleva un problema, in quanto la stessa problematica è annosa ed era già ampiamente e tristemente nota." E' quanto afferma in una nota Giuseppe Maria Meloni, presidente di Clemenza e Dignità. "Naturalmente, - prosegue - la stessa notizia ha però sollecitato l'ormai consueta e quasi granitica modalità comportamentale della politica, tutta protesa solamente alla sottolineatura della gravità delle problematiche ed al commento inerente le problematiche stesse". "Ora è evidente – osserva - che circa la sus-

sitenza di gravi problemi di carattere generale o lo-
cale che assillano il Paese, i cittadini sono già perfettamente in grado di percepire questi stessi
problemi da soli, e senza bisogno di alcuna sottolineatura, senza bisogno di alcun tipo di sensibilizzazione e di generale intermediazione da parte
della politica". "Per quanto concerne, ugualmente, il
commento delle notizie, il commento inerente le
problematiche della Nazione o delle singole città,
esistono i giornalisti, gli opinionisti, che per professione possono svolgere proprio questi compiti". "La
politica, - conclude - non può rifugiarsi in una professione altrui, in una professione che non è sua, non
deve imitare il giornalismo, deve recuperare, possibilmente proprio a partire dalle carceri, il proprio
ruolo: risolvere concretamente i problemi del Paese."

PENSIERI & PAROLE CARCERI, IL GRANDE SILENZIO IN CAMPAGNA ELETTORALE
IMGPress - 23/01/2013

(23/01/2013) - Il silenzio, non appartiene solo a chi
non può parlare, a chi non ha voce, alle persone
gravemente malate, ma può appartenere anche a soggetti che sono ancora più deboli: quelli che spesso
posseggono tanta voce, ma hanno paura, non hanno
il coraggio di assumere una posizione e di parlare. E'

148

quanto afferma in una nota Giuseppe Maria Meloni, presidente di Clemenza e Dignità. Questa è una campagna elettorale, - prosegue - dove la tragedia delle carceri, in maniera del tutto ingiustificata, non trova alcuna dignitosa collocazione programmatica, e non è nemmeno considerata argomentazione degna di menzione e di brevissimo cenno negli innumerevoli discorsi che si susseguono in tutti questi giorni. In una situazione – osserva - altamente distruttiva per la dignità umana e spesso addirittura per la stessa vita degli uomini e delle donne, in un sistema che non di rado e nel caso delle madri detenute, coinvolge, in maniera assurda, anche l'esistenza di bambini, il grande silenzio sulle possibili soluzioni al dramma delle carceri è qualcosa di inconcepibile e imbarazzante. Questa voce, - conclude – come è naturale e giusto, non potrà mai essere forte e amplificata come quella dei partiti, ma il silenzio, certamente, non la riguarda e non gli appartiene, poichè questa voce che è debole, ora viene utilizzata tutta, ma proprio tutta, per gridare, a ridosso di questa competizione politica elettorale, la urgente necessità di provvedimenti e riforme atti a fermare questa grande tragedia.

FATTI & MISFATTI MELONI (CLEMENZA E DIGNITÀ): PROSEGUO AZIONE PER LE CARCERI
IMGPress - 14/02/2013

(14/02/2013) - Tanti anni di attività di comunicazione e di ricerca giuridica, senza alcuna interruzione, avrebbero suggerito a chiunque l'opportunità di fermarsi un attimo per meditare. E' quanto afferma in una nota Giuseppe Maria Meloni, presidente di Clemenza e Dignità, che aggiunge: "In effetti, pur senza fermarmi, ho cominciato molto a riflettere. Ho capito, però, - spiega - che la forza per arrivare in fondo alla corsa, non può venire e non verrà mai solo dagli stimoli esterni e dai riconoscimenti: la forza per arrivare in fondo alla corsa viene principalmente da dentro. Ho chiesto aiuto alla mia fede, e a quel mistero speciale – conclude - per cui le persone che sperano in qualcosa di eterno, corrono ma non si stancano, camminano ma non si affaticano, ed ho trovato nuovi stimoli e nuove energie".

CLEMENZA E DIGNITÀ: "NUOVO PARLAMENTO, INCOGNITA MA ANCHE UNA SPERANZA"
Redattore Sociale - 06/03/2013

"Per le carceri, il nuovo Parlamento che si appresta

150

ad iniziare i suoi lavori, costituisce una incognita ma anche, naturalmente, una speranza". Lo dichiara in una nota Giuseppe Maria Meloni, responsabile del movimento Clemenza e Dignita'. "...

Roma - "Per le carceri, il nuovo Parlamento che si appresta ad iniziare i suoi lavori, costituisce una incognita ma anche, naturalmente, una speranza". Lo dichiara in una nota Giuseppe Maria Meloni, responsabile del movimento Clemenza e Dignita'. "Sono state elette- prosegue- delle persone nuove, che potrebbero manifestare una non comune sensibilita' verso l'argomento, e sono state elette persone gia' protagoniste nella vita pubblica e politica, che potrebbero, invece, essersi persuase della necessita' di affrontare con maggiore convinzione questa annosa problematica". In sostanza, rileva, "si comincia tutto da capo, tra grandi aspettative di riforma da soddisfare ed aspettative di provvedimenti clemenziali, ora da approfondirsi nuovamente, alla luce della nuova composizione parlamentare. Questa associazione desidera, quindi, formulare i piu' sentiti auguri di buon lavoro ad ogni singolo parlamentare eletto, cosi' come desidera formulare l'auspicio che proprio in questa legislatura, il problema delle carceri possa trovare finalmente quelle soluzioni che si addicono ad un grande Paese civile come e' l'Italia".

(DIRE)

CARCERI: MELONI (CLEMENZA E DIGNITA'), IL PAPA FARA' CAPIRE UNA GIUSTIZIA CHE E' ANCHE MISERICORDIA
AgenParl - 25/03/2013

(AGENPARL) - Roma, 25 mar - "Quando una pena giusta, sotto il profilo processuale, diviene poi del tutto insopportabile sotto il profilo delle concrete condizioni di esecuzione, così da preferirsi, purtroppo, e in migliaia di casi, la morte alla pena, dovrebbero aprirsi serie riflessioni sulla realizzazione della giustizia in conseguenza della pena, dovrebbero giungere tanti segnali di attenzione e di cura verso il mondo dei ristretti." E' quanto afferma in una nota Giuseppe Maria Meloni, responsabile di Clemenza e Dignità, che aggiunge: "Ad oggi, le riflessioni sono state superficiali e i segnali di attenzione e di cura, molto pochi e deboli, probabilmente, perché la pietà e la misericordia, sono concetti che effettivamente e tecnicamente non hanno molta attinenza con la nostra giustizia." "Tuttavia, - osserva - si è giunti ad un punto di non ritorno tale e per cui, proprio la pietà e la misericordia, appaiono essere, invece, i correttivi indispensabili, per garantire il rispetto delle leggi, per mantenere la proporzione della pena al fatto, ed in genere per mantenere la giustizia stessa." "In questo senso, - sottolinea - potrebbe aiutarci in questo ragionamento a noi distante e, quindi, molto difficile, colui che in questo mondo rappresenta apicalmente una idea di giustizia diversa dalla nostra e dagli altri sistemi giuridici contemporanei, una giustizia che è allo stesso tempo anche misericordia, non l'una senza l'altra." "Ebbene, - rileva - proprio colui che rappresenta in terra questa giustizia non terrena, ci aiuterà molto mediante un gesto veramente significativo." "Papa Francesco, al quale va la nostra più profonda gratitudine, - conclude - il 28 marzo, giovedì santo, celebrerà la "messa nella cena del Signore" all'istituto penale per minori di Casal del Marmo, ove laverà i piedi ai detenuti."

LETTERE & COMMENTI CARCERI, CLEMENZA E DIGNITÀ: CI SONO CONDIZIONI FAVOREVOLI PER SOLUZIONI
IMGPress - 06/05/2013

(06/05/2013) - Un Governo così ampiamente condiviso, che unisce sinistra, centro e destra, in una dimensione non tecnica, ma veramente politica, è un fatto straordinario. Lo dichiara in una nota Giuseppe Maria Meloni, responsabile di Clemenza e Dignità, che aggiunge: "Questa comune assunzione di responsabilità, potrebbe facilitare l'esame di provvedimenti clemenziali inerenti le carceri, che per forza necessitano di ampie maggioranze parlamentari". "L'auspicio – conclude - è che dinanzi a questo grave problema di civiltà del Paese, si approfitti del favorevole momento di tregua e di comune collaborazione, per verificarsi, rapidamente, le condizioni per la deliberazione di tali provvedimenti".

CARCERI: CLEMENZA E DIGNITA', SAREBBE UTILE UNA INDAGINE SULLE CAUSE DELLA TRAGEDIA
AgenParl - 17/05/2013

(AGENPARL) - Roma, 17 mag - "Già sappiamo delle malattie infettive, dell'Hiv e dell'epatite nelle nostre carceri, già sappiamo degli atti di autolesionismo, dei suicidi, e dei tentativi di suicidio. Già sappiamo del sovraffollamento, delle condizioni igienico sanitarie dei nostri istituti di pena, della vetustà dell'edilizia carceraria." E' quanto afferma in una nota Giuseppe Maria Meloni, responsabile di Clemenza e Dignità, che aggiunge: "In esito a ciò, una indagine utile da promuoversi in sede parlamentare, non dovrebbe concernere lo stato attuale delle nostre carceri che è già noto, ma semmai le motivazioni per cui si è giunti a questa tragedia umana e giuridica, le cause per cui a distanza di anni e a tutt'oggi, non sono intervenuti dei provvedimenti

veramente risolutivi della questione." "A tal riguardo, e qualora si decidesse, effettivamente, di
aprire questa riflessione, sarebbe interessante – osserva - verificare tra le possibili cause della vicenda,
l'eventuale abbandono di valori fondamentali, di
principi prima naturali e poi giuridici, che in prece-
denza hanno sempre funzionato quali linee guida,
quali criteri di orientamento, quali stimolo per la risoluzione delle problematiche." "In particolare, -
conclude - si verte nel caso di specie di principi che
coinvolgono le persone indistintamente, senza necessità di una domanda o di un permesso, di principi
quali la dignità dell'essere umano, il diritto alla vita,
il diritto alla salute, il principio per cui la pena non
possa consistere in trattamenti contrari al senso di
umanità, e molto altro ancora."

CARCERI: CLEMENZA E DIGNITA',
URGENZA E GRAVITA' RICHIEDONO
DECRETO PESANTE
AgenParl - 13/06/2013

(AGENPARL) - Roma, 13 giu - "In considerazione
del fatto che sono anni che si discute in via mediatica
e parlamentare di carceri e di riforme, senza giungere
mai a qualcosa di veramente risolutivo e concreto, ed
in considerazione della drammatica urgenza della

situazione dei nostri penitenziari, che non consente
ormai delle ulteriori e minime dilazioni, ritengo che
corrisponda ad un principio di buon senso, non solo
l'azione mediante decreto legge, ma anche e soprattutto l'inserimento all'interno di un decreto, di tutto
ciò che possa favorire una reale civilizzazione delle
nostre carceri, comprese, quindi, eventuali opere di
aggiustamento e di riforma sotto il profilo penale e
processuale penale". E' quanto afferma in una nota
Giuseppe Maria Meloni dell'associazione Clemenza
e Dignità.

CARCERI: CLEMENZA E DIGNITA', ISPIRATI DA GIOVANNI PAOLO II
AgenParl - 03/07/2013

(AGENPARL) - Roma, 03 lug - "Si avvicina il momento della canonizzazione di Giovanni Paolo II, e
ci fa piacere ribadirlo: il Grande Papa, presente nello
Statuto del movimento, ha ispirato negli anni tutta la
nostra azione sulle carceri. In particolare, ha ispirato
il nostro modo di vedere la giustizia, quale concetto
da intendersi non solo come potere, quale concetto
assai distante da un iter burocratico, quale mondo
fatto non solo di esperti e di tecnica, quale idea fatta
non solo di condanne e di assoluzioni, al fine di non
dimenticare mai, e di lasciare il giusto spazio al vero

protagonista, il personaggio centrale: la persona umana in tutta la sua straordinaria complessità." E' quanto afferma in una nota Giuseppe Maria Meloni, responsabile di Clemenza e Dignità.

PENSIERI & PAROLE LA CERTEZZA DELLA PENA È STATA UCCISA DAL PANPENALISMO
IMGPress - 31/07/2013

(31/07/2013) - "Sulla drammatica situazione delle carceri italiane, e in merito alle soluzioni che via via vengono meramente prospettate o approvate, ricorrono spesso, nei commenti politici, parole "pesanti", quali, colpo di spugna, resa dello Stato, e molto altro ancora." Lo dichiara in una nota Giuseppe Maria Meloni, responsabile di Clemenza e Dignità, che aggiunge: "In merito a tale aspetto, si rende opportuno chiarire, per un minimo senso di onestà intellettuale, che ciò che ha distrutto e sta distruggendo il concetto della certezza della pena in Italia, non sono, certamente, i pochi provvedimenti clemenziali o di vaga ispirazione clemenziale, intervenuti, ma proprio tutte quelle politiche miopi, succedutesi negli anni, che hanno voluto vedere nella sanzione penale, e, quindi, nel carcere, la soluzione di ogni problema, compresi quelli dettati dall'emarginazione sociale, dalle malattie, dalle grandi disperazioni e dalla povertà." "Era evidente prima e ed è evidente ancora oggi, - conclude - che un panpenalismo esasperato, una volta contestualizzato in un sistema che prevede l'obbligatorietà dell'azione penale, una volta contestualizzato all'interno di un sistema sanzionatorio penale che è basato prevalentemente sulla privazione della libertà personale, e una volta contestualizzato in un sistema di misure, in cui non sono precisamente e tassativamente delineate le ipotesi di custodia cautelare in carcere, avrebbe portato e porta, ad un tale punto di sovraffollamento, ad un tale grado di ingestibilità dei penitenziari, così da richiedere ciclicamente il ricorso a provvedimenti di svuotamento delle carceri."

CARCERE, SCIOPERO FAME E SETE PER
"L'EFFETTIVO SVUOTAMENTO"
REDATTORE SOCIALE - 13/08/2013

L'iniziativa di Meloni, responsabile di Clemenza e Dignità, domani 14 luglio: "Per sensibilizzare sulla necessità di provvedimenti che abbiano un contenuto sostanziale di effettivo svuotamento delle carceri"

13 agosto 2013 - 11:45

Roma - "Per sensibilizzare sulla necessita' di provvedimenti che oltre la denominazione in questo senso, abbiano, poi, un contenuto sostanziale di effettivo svuotamento delle carceri, nella giornata di domani 14 agosto, seguitando lo stesso gesto simbolico degli anni precedenti, faro' nuovamente, dalle ore 7 del mattino, alle ore 21 della sera, lo sciopero totale della fame e della sete". È quanto afferma in una nota Giuseppe Maria Meloni, responsabile di Clemenza e Dignita', associazione sorta nel 2006, per i diritti dei detenuti e per il progresso del diritto punitivo. (DIRE)

LETTERE & COMMENTI MELONI
(CLEMENZA E DIGNITÀ): LA LEGGE PENALE
SOFFRE DI UNA FALSA APPLICAZIONE
IMGPress - 02/09/2013

(02/09/2013) - Per superficialità, l'opinione comune è abituata a pensare al sovraffollamento, alla diffusione delle malattie infettive, alle carenze igienico sanitarie, alle strutture fatiscenti, e ai tanti altri gravissimi disagi che affliggono le nostre carceri, come fossero degli eventi drammatici ed eccezionali che, comunque, restano, sostanzialmente, slegati dalla esecuzione della pena, che, quindi, nella mentalità collettiva rimane intatta, come inalterata, proprio

159

così come prevista e regolamentata per legge. E'
quanto afferma in una nota Giuseppe Maria Meloni,
responsabile di Clemenza e Dignità, movimento
sorto nel 2006 per i diritti dei detenuti e per
promuovere il progresso del diritto punitivo. "In
sostanza, - prosegue - nella mentalità comune, è
come se sussistesse una netta distinzione tra il fatto
umanitario e la disciplina giuridica. Tuttavia, - commenta - se questa è l'opinione corrente, il diritto, trattandosi oltretutto del mondo della pena, non può esi-
mersi dall'approfondire meglio, non può non tenere
conto della realtà, di ciò che succede e sta succedendo nella pratica, deve tentare di fornire una
definizione ed una qualificazione giuridica al profilo
fattuale, deve tentare di fornire una definizione giuridica alle cause della tragedia in corso, non potendosi permettere di discutere solo giornalisticamente
di sovraffollamento, di carenza di risorse economi-
iche ed altro ancora." "In questo modo, - sostiene -
lo stesso mondo del diritto non può continuare a
nascondersi dietro il fatto che trattasi di situazioni ac-
cidentali e non intenzionali, di circostanze formalmente mai inflitte ed applicate a qualsivoglia reo,
poichè sempre sullo stesso piano dell'intenzionalità,
è allo stesso tempo noto che ad oggi non è neanche
emersa una chiara volontà di porre finalmente rimedio a tali situazioni." "Ugualmente, - continua - lo

stesso mondo del diritto non può neanche acqui-
etarsi, nascondendosi dietro il fatto che la consuetudine aggravatrice, ovvero quella che aggrava il trattamento punitivo, non è ammessa nel nostro ordinamento, in virtù del principio di riserva di legge.
Difatti, qui non si tratta di convertire davvero un profilo fattuale in profilo di diritto, si tratta solo di riconoscere e tentare di definire una situazione talmente
grave che non può più essere disconosciuta. Dunque,
- spiega – tutti questi tristi fenomeni, tra cui soprattutto l'assenza di spazio vitale per i detenuti, verificandosi temporalmente durante l'esecuzione della
pena, verificandosi strettamente nel contesto,
nell'occasione ed a causa dell'esecuzione penale, e
possedendo oltretutto la caratteristica di essere così
ampiamente diffusi, di essere ormai costanti e difficilmente reversibili, non possono certamente ritenersi avulsi dall'esecuzione della pena, e costituiscono, quindi, sotto un profilo fattuale, in maniera
evidente, anzi ictu oculi, delle ulteriori sanzioni o
quanto meno degli inasprimenti sanzionatori, che si
inseriscono del tutto abusivamente nell'ambito della
pena della reclusione o dell'arresto. Abusivamente, -
precisa - poichè come è evidente, non stiamo vertendo di ipotesi previste per legge, non stiamo cioè
vertendo ad esempio dell'isolamento diurno e non
stiamo neanche vertendo di ipotesi già previste e poi

non più attuate quali ad esempio l'isolamento not-
turno, ma di ulteriori sanzioni o perlomeno di
inasprimenti sanzionatori, di modalità di esecuzione
della pena in termini di maggiore afflittività del regime detentivo, che sussistono in fatto, pur non essendo assolutamente mai stati previsti e regolamen-
tati in diritto." "Pertanto, - osserva - quando si discute di carceri, si fa spesso, quindi, riferimento alle
grandi violazioni dei diritti umani, così come alla violazione dell'art. 27 della nostra Costituzione, dimenticando però di ricercare e di definire giuridicamente, la vera e propria origine di questa grave patologia. Una origine, che non è certamente riconducibile ad un buco dell'ordinamento, ovvero ad una situazione del tutto non regolamentata dalla legge, e che
non è neanche riconducibile a leggi che, come può
verificarsi, confliggano con determinati principi, ma
che verosimilmente risiede proprio in una grave violazione della stessa legge penale e più precisamente
in una falsa applicazione della legge penale che si
palesa in una fase extra-processuale, e propriamente
di esecuzione." "Osservando l'esecuzione della
pena, - sottolinea - appare chiara la sussistenza di
questo vizio, che non consiste nell'inesatta applicazione della norma al fatto antigiuridico, che non consiste, quindi, nell'erronea riconduzione del caso concreto di reato alla fattispecie normativa, ma consiste
nell'erronea e spesso impossibile riconduzione della

162

concreta punizione subita o subenda alla fattispecie
normativa delle pene detentive in genere." "Difatti, -
rileva - se la condanna alla reclusione, come pure la
condanna all'arresto, per legge, implicano sostanzialmente la privazione della libertà personale per un
determinato periodo di tempo, a fronte di questa situazione prevista dalla legge, nei fatti, si inseriscono
poi nell'ambito delle stesse pene detentive e sotto il
loro cappello, una miriade di ulteriori sanzioni o di
inasprimenti sanzionatori, che non sono previsti nella
disciplina di reclusione e di arresto, che non sono assolutamente previsti dal codice penale così come da
altre leggi speciali." "Tali ulteriori sanzioni o quanto
meno tali ulteriori inasprimenti sanzionatori, tra cui
specialmente l'assenza di spazio vitale per i ristretti,
- conclude - rendono, quindi, la pena in concreto
eseguita, assai differente da quella che era stata in-
flitta e che doveva essere in base alle previsioni del
legislatore."

CARCERI. MOVIMENTO: PARLAMENTO RISOLVA PROBLEMA SOVRAFFOLLAMENTO GIUSEPPE MARIA MELONI: CE LO CHIEDE SENTENZA CORTE DI STRASBURGO
DIRE - 07/10/2013

(DIRE) Roma, 7 ott. - "Una argomentazione ricorrente in queste ultime settimane di dibattito politico e' stata quella inerente il fatto che le sentenze debbano essere sempre e comunque rispettate". E' quanto afferma in una nota Giuseppe Maria Meloni, presidente di Clemenza e Dignita', che aggiunge: "Riprendendo proprio questo stesso principio, che e' alla base di ogni Stato di diritto, desidero anche rammentare l'esistenza di una sentenza della Corte di Strasburgo che ci obbliga a fornire delle risposte soddisfacenti al dramma nazionale delle carceri". Pertanto, conclude, "fiducioso che tale basilare principio dell'osservanza delle decisioni non venga minimamente messo in discussione e smentito, rivolgo, in maniera assai riguardosa, l'ennesimo appello al Parlamento, affinche' valuti con la massima urgenza delle possibili soluzioni atte a risolvere, realmente, il sovraffollamento delle nostre carceri".

(Com/Wel/ Dire)

10:28 07-10-13

164

CARCERI, MELONI (CLEMENZA E DIGNITÀ): È QUESTIONE DI COMUNE RESPONSABILITÀ E NON DI APPEAL ELETTORALE ASI - AGENZIA STAMPA ITALIA - 21/10/2013

(ASI)"E' opportuno che le carceri e la drammatica situazione di vita dei ristretti, non divengano in questo momento, una argomentazione di mera distinzione politica, una argomentazione per lucrare in un senso o nell'altro dei consensi. Alla luce della sentenza di Strasburgo che ci impone di fornire, rapidamente e senza vie d'uscita, delle risposte soddisfacenti al sovraffollamento, si rendono necessarie, più che mai, un atteggiamento di proficua collaborazione tra le forze politiche, e, quindi, una comune assunzione di responsabilità del Parlamento, che potrà scaturire solo sulla base di valutazioni prettamente tecniche, giuridiche e non ideologiche o di gradimento elettorale." E' quanto ha dichiarato in una nota Giuseppe Maria Meloni, responsabile di Clemenza e Dignità, movimento sorto nel 2006 per i diritti dei detenuti e per il progresso del diritto punitivo.

CARCERI, MELONI (CLEMENZA E DIGNITÀ): CASO LIGRESTI FA RIFLETTERE SUL PRINCIPIO DI EGUAGLIANZA
ASI - AGENZIA STAMPA ITALIA - 07/11/2013

(ASI) "Sul recente caso Ligresti, in molti hanno invocato il principio di eguaglianza, ipotizzando una disparità di trattamento rispetto alle altre persone ristrette." E' quanto afferma in una nota Giuseppe Maria Meloni, responsabile di Clemenza e Dignità, che aggiunge: "Tuttavia, riflettendo bene, il principio di eguaglianza non può concretizzarsi ed infatti non si concretizza, nel disconoscere appositamente i diritti e le garanzie, la complessiva situazione giuridica di una persona, perchè importante o abbiente, nel disconoscere, quindi, la situazione giuridica di una persona potente o benestante, al fine di creare una uniformità di massima." "Il principio di eguaglianza, - osserva - semmai si concretizza nel riconoscere altresì la situazione giuridica di tutte le altre persone che sono di modeste o umili condizioni economiche e sociali." "In sostanza, - conclude - ciò che mina il principio di eguaglianza nel nostro Paese, non è il riconoscimento dei diritti delle persone fortunate ma è il mancato riconoscimento dei diritti delle persone svantaggiate, la mancata attuazione dell'eguaglianza sostanziale, ovvero, riprendendo la Costituzione, la rimozione di quegli ostacoli di ordine economico e sociale, che, limitando di fatto la libertà e l'eguaglianza dei cittadini, impediscono il pieno sviluppo della persona umana e l'effettiva partecipazione di tutti i lavoratori all'organizzazione politica, economica e sociale del Paese".

CARCERI: CLEMENZA E DIGNITA', AMNISTIA SCOMPARSA DA PRIORITA' ANSA - 26/11/2013

(ANSA) - ROMA, 26 NOV - "In maniera del tutto ingiustificata, visto il protrarsi della tragedia delle carceri, l'argomentazione inerente un atto di clemenza, non ha fatto in tempo a ricevere un serio approfondimento, essendo gia' scomparsa dalle priorita' in agenda del nostro Paese." Lo Lamenta il movimento Clemenza e Dignita', che fa notare che "subito" sono state mosse "critiche preventive" nei riguardi dei provvedimenti clemenziali, dimenticando che amnistia e indulto "non sono strumenti contro la legge o al di fuori delle leggi, non sono strumenti che hanno un rapporto opaco ed ambiguo con l'ordinamento, ma dei rimedi espressamente previsti dalla Costituzione della Repubblica Italiana" Rimedi che - sottolinea il responsabile del Movimento Giuseppe Maria Meloni- "sarebbero da azionarsi soprattutto in

167

casi come questo, laddove non e' piu' possibile garantire il rispetto dello stesso dettato costituzionale,
per quanto concerne i diritti fondamentali dell'uomo,
la dignita' dell'essere umano, il diritto alla salute, il
senso di umanita' della pena e la finalita' di rieducazione del condannato".(ANSA). FH 26-NOV-13
15:51 NNNN

CARCERI: SOLO AMNISTIA O INDULTO
RISOLVONO IL PROBLEMA
AFFARI ITALIANI - il primo quotidiano on line -
13/12/2013

Venerdì, 13 dicembre 2013 - 10:45:00

In considerazione dell'opinione diffusa che circola
sulle carceri e per cui servirebbero delle riforme e
non dei provvedimenti di amnistia o di indulto, giudicati del tutto inutili, è opportuno chiarire, seguendo
un approccio non teorico ma meramente realistico,
che le riforme, da sole, non hanno la forza di risolvere veramente l'attuale sovraffollamento delle nostre carceri. Solamente i provvedimenti clemenziali,
l'amnistia e l'indulto, costituiscono, ormai, delle ef-
fettive soluzioni a questo problema divenuto enorme.

Allo stesso tempo, le riforme, sotto il profilo penale
e processuale penale, si rendono essenziali al fine di

168

poter mantenere il più possibile immutate nel tempo,
quelle condizioni di vivibilità delle carceri, da deter-
minarsi a seguito degli stessi provvedimenti clemenziali

Giuseppe Maria Meloni,

responsabile del movimento Clemenza e Dignità

CARCERI, MELONI (CLEMENZA E DIGNITÀ): ADERISCO ALLA MARCIA PER L'AMNISTIA. INFORMAZIONE.IT - 23/12/2013

Per i valori della nostra Costituzione, l'art. 27, e così
i diritti fondamentali dell'uomo.

Roma, 23/12/2013 (informazione.it - comunicati
stampa) "Ho aderito con convinzione ed entusiasmo
alla Marcia di Natale per l'amnistia, la giustizia e la
libertà, ed auspico che questa manifestazione possa
essere testimonianza dell'idea che i valori della nostra Costituzione, l'art. 27, e così i diritti fondamentali
dell'uomo, sono presenti ed ancora vivi nel cuore e
nella mente della gente".

E' quanto afferma in una nota Giuseppe Maria
Meloni, responsabile del movimento Clemenza e
Dignità.

LETTERE & COMMENTI CARCERI, CLEMENZA E DIGNITÀ: SERVE UNA SOLUZIONE, CE LO CHIEDE LA DIGNITÀ DELL'UOMO
IMGPress - 27/01/2014

(27/01/2014) - "Più dell'Europa, penso che non possa proprio più attendere la dignità dell'uomo. Sulle carceri, non possiamo continuare a guadagnare tempo, contrapponendo eternamente la soluzione delle riforme, alla soluzione dell'amnistia o dell'indulto." E' quanto afferma in una nota Giuseppe Maria Meloni, responsabile di Clemenza e Dignità, che aggiunge: "I cassetti del Ministero della Giustizia, sono già pieni di progetti di riforma del codice penale e di procedura penale. La verità è che le riforme sono molto più difficili da realizzare che un atto di clemenza. Questo perché – osserva - dietro il mondo della pena, gravitano anche delle diverse visioni politiche, ideologiche della società, nonché delle diverse concezioni della stessa società, in chiave religiosa oppure prettamente laica. Si prendano, a esempio, - conclude – il problema degli stupefacenti e la questione degli immigrati, e qualcuno provi a mettere d'accordo tutte le anime."

PENSIERI & PAROLE CARCERI, MELONI (CLEMENZA E DIGNITÀ): È UNA BATTAGLIA PERSA MA VA COMBATTUTA SINO ALLA FINE

IMGPress - 17/02/2014

(17/02/2014) - "L'attenzione sulla drammatica situazione delle carceri, sull'amnistia e l'indulto, è probabile che subisca un potente affievolimento a causa di nuove situazioni politiche che vanno profilandosi all'orizzonte." E' quanto afferma in una nota Giuseppe Maria Meloni, responsabile di Clemenza e Dignità, che aggiunge: "Si tratta, quindi, di una battaglia, che sulla carta, può dirsi, probabilmente, già persa. Tuttavia, - prosegue - anche se questa battaglia con il passare del tempo è divenuta superiore alle nostre forze, anche se questa battaglia sulla carta può dirsi già persa, la stessa battaglia deve essere combattuta ugualmente e sino alla fine. Difatti, - osserva - è solo mediante la trasformazione di questa sconfitta teorica in una sconfitta reale, è solo attraverso un vero combattimento, che l'opinione pubblica potrà compiutamente rendersi conto dell'importanza dei valori in gioco e sacrificati. Solo attraverso un vero combattimento, - conclude - si attingerà la garanzia di una successiva vittoria finale: la vittoria data da una giustizia nuova e migliore, che prenderà forma non appena l'opinione pubblica, all'esito della lotta, potrà compiutamente rendersi

171

conto della sorte infelice che sarà riservata alle previsioni della nostra Costituzione, ai diritti fondamentali dell'uomo e al diritto naturale".

CARCERI, CLEMENZA E DIGNITÀ: STA PER SCADERE IL TERMINE PER METTERSI IN REGOLA

InfoOggi - il diritto di sapere (www.infooggi.it) -
26/02/2014

ROMA, 26 FEBBRAIO 2014 - "Questa nota è per
rammentare alla politica italiana, che si sta avvici-
nando il mese di maggio, che non è solo il mese in
cui la natura si risveglia, il mese delle splendide fio-
riture, il tempo in cui le giornate si allungano e si
fanno sempre più calde, ma è anche il termine ultimo
entro cui l'Italia, dovrà mettersi in regola, per quanto
concerne la situazione delle carceri". "Ora, a meno
che in questo momento di grande ottimismo sulle riforme, non si pensi di riformare, facilmente, anche il
calendario ed il trascorrere del tempo, desta grande
preoccupazione, il fatto che a pochi giorni dallo scadere di questo termine, il nostro Paese non abbia ancora posto in essere dei provvedimenti in grado di risolvere veramente tale enorme problema". Lo afferma Giuseppe Maria Meloni, responsabile del movimento Clemenza e Dignità.

CARCERI: CLEMENZA E DIGNITA', APPELLO A ISTITUZIONI RELIGIOSE, RICERCA, CULTURA E SPETTACOLO

AgenParl - 03/03/2014

(AGENPARL) - Roma, 03 mar - "Il 28 maggio 2014 scade il termine ultimo entro cui l'Italia dovrà mettersi in regola per quanto concerne la situazione delle carceri." Lo dichiara Giuseppe Maria Meloni, responsabile di Clemenza e Dignità. "Non ottemperare – prosegue - a quanto imposto dalla Corte Europea dei diritti dell'uomo, non significa solo pagare una maxi multa, un enorme esborso di risorse pubbliche, perché trattandosi di diritti umani, è chiaro che in gioco c'è anche qualcosa di diverso, ovvero il patrimonio di civiltà della nostra Nazione, la credibilità ed il prestigio internazionale dell'Italia." "Il mondo della ricerca, - aggiunge - specialmente quella giuridica, il mondo del volontariato, il mondo della cultura, dello spettacolo, le autorità religiose, e tutti coloro che hanno la possibilità di essere ascoltati, ci diano una mano in questa battaglia." "Fornire un aiuto mediante una comunicazione di supporto ai provvedimenti clemenziali, - conclude - non significa voler mettere in discussione il principio per cui chi ha sbagliato debba essere punito, ma solo voler salvaguardare il dna della legalità, ovvero i diritti fondamentali della persona umana, i diritti garantiti dalla nostra Costituzione."

PENSIERI & PAROLE CARCERI, MELONI (MOV. CLEMENZA E DIGNITÀ): TEMPI STRETTI IMPEDISCONO SOLUZIONI ALTERNATIVE ALLA CLEMENZA
IMGPress - 14/03/2014

(14/03/2014) - "Se non interverranno delle riforme importanti sul piano normativo, delle riforme in grado di restringere l'area del penale e di ridimensionare il ruolo dominante del carcere quale punizione, in seguito e nello spazio di pochi anni, si presenteranno delle ulteriori emergenze come questa, in cui si dovrà fare ricorso nuovamente all'amnistia o all'indulto. Detto questo, è chiaro che le misure finora prese dal nostro Paese contro il sovraffollamento delle carceri, sono insufficienti, ed è chiaro, anzi è ictu oculi, che a questo punto, a poco più di 60 giorni dal termine ultimo imposto dall'Europa, solo i provvedimenti clemenziali sarebbero in grado di normalizzare molto velocemente la situazione dei nostri penitenziari." E' quanto afferma in una nota Giuseppe Maria Meloni, responsabile di Clemenza e Dignità.

LETTERE & COMMENTI AMNISTIA E INDULTO POSSONO VEICOLARE ANCHE MESSAGGIO POSITIVO
IMGPress - 21/03/2014

(21/03/2014) - "Rispetto molto, ma non condivido l'idea che amnistia e indulto, costituiscano, in assoluto, un messaggio altamente diseducativo per i nostri giovani. Gli stessi provvedimenti clemenziali, se adottati in una forma condizionata molto stringente, ovvero in una forma che condizioni l'estinzione del reato o della pena al non commettere degli ulteriori reati per un consistente periodo di tempo, fornirebbero, anzi, uno straordinario messaggio istruttivo per i giovani: l'esistenza di una seconda opportunità, l'esistenza della possibilità di porre un limite al peggio, l'esistenza della possibilità di rialzarsi, l'esistenza della possibilità di migliorarsi." E' quanto afferma in una nota Giuseppe Maria Meloni, responsabile del movimento Clemenza e Dignità.

CARCERE & DIRITTI CLEMENZA E DIGNITÀ: L'ESEMPIO DI GIOVANNI XXIII E GIOVANNI PAOLO II PER FOCALIZZARE IL SENSO DI UMANITÀ
IMGPress - 11/04/2014

(11/04/2014) - "Quando mancano 47 giorni alla scadenza del termine ultimo imposto dall'Europa, nei nostri Istituti sono ancora presenti oltre 60.000 detenuti. C'è un problema di diritti umani e di umanità della pena che ancora non è stato risolto." E' quanto afferma in una nota Giuseppe Maria Meloni, responsabile del movimento Clemenza e Dignità, che aggiunge: I diritti umani, per essere compresi appieno e veramente tutelati, necessitano di una particolare predisposizione dell'animo, che non è richiesta normalmente per tutti gli altri diritti. La piena comprensione e tutela dei diritti differenti da quelli propriamente dell'uomo, difatti, avviene in maniera molto più intellettuale e tecnica, in maniera fredda e formale, quasi meccanica. I diritti umani, - osserva - o perlomeno il loro nucleo essenziale, invece, funzionano in maniera diversa, funzionano in maniera che, per essere compresi compiutamente e veramente tutelati, necessitano in maniera imprescindibile di quel particolare sentimento che è il senso di umanità. E' quindi evidente, - sottolinea - di quanto possa allontanarsi la soluzione del problema, di quante difficoltà possano ancora insorgere

176

nell'iter di risoluzione, se in merito al dramma delle carceri, continuassimo a ragionare solo di capienza regolamentare, di metri quadrati, di quantità di luce, di ore d'aria, e molto altro ancora, senza porre a monte il vero motore dell'umanizzazione della pena, il vero motore, da cui tutto discenderebbe in senso naturale e senza alcuno ostacolo: il senso di umanità, di cui anche all'art. 27 della nostra Costituzione Repubblicana." "Purtroppo, - continua Meloni - non sono in grado di suggerire e descrivere dettagliatamente quei particolari meccanismi dell'animo, che potrebbero avvicinare il nostro Legislatore e le Istituzioni a questo specifico sentimento di umanità. Posso, tuttavia, fornire un esempio, l'esempio di due uomini, dotati in maniera molto pronunciata di questo particolare senso: Giovanni XXIII e Giovanni Paolo II." "Il primo, - conclude - durante la sua visita al carcere di Regina Coeli, nel dicembre del 1958, addirittura, disse, "Miei cari figlioli, miei cari fratelli, siamo nella casa del Padre anche qui", e poi ancora, "Io metto i miei occhi nei vostri occhi: ma no, perché piangete? Siate contenti che io sia qui. Ho messo il mio cuore vicino al vostro." Il secondo, invece, è il Papa che pubblicamente e dinanzi al Parlamento Italiano chiese un segno di clemenza nei confronti dei detenuti, e soprattutto è il Papa che perdonò il suo attentatore Alì Agca, un killer professionista che il 13 maggio 1981 gli sparò due colpi di pistola."

CARCERI, MELONI (CLEMENZA E DIGNITÀ): SAREBBE NECESSARIO POTENZIARE L'INFORMAZIONE.
ASI - AGENZIA STAMPA ITALIA - 23/04/2014

(ASI) "Nelle meditazioni della Via Crucis al Colosseo di quest'anno, sono stati affrontati in maniera forte e molto coraggiosa, il grande problema delle carceri e la grave tragedia umana che ne consegue. In particolare, nella meditazione per la VII Stazione, c'è un passo molto interessante che dice "Il carcere, oggi, è ancora troppo tenuto lontano, dimenticato, ripudiato dalla società civile"". Lo afferma in una nota Giuseppe Maria Meloni, responsabile del movimento Clemenza e Dignità, che aggiunge: "E' proprio vero, il carcere ancora oggi è una realtà completamente dimenticata dalla società. Sembra un mondo a se stante, è come se si trattasse di persone non realmente in vita, è come se si trattasse di persone già decedute." "Questo atteggiamento mentale nei riguardi delle carceri, questa completa dimenticanza nei riguardi di quel mondo, - osserva – discende non solo da un atteggiamento mentale favorevole alla crudeltà della pena, che sebbene temperato da considerazioni di natura cristiana, è ancora vivo ed è abbastanza diffuso nella popolazione, ma discende anche da un problema di informazione che impedisce materialmente l'avvicinamento del mondo

delle carceri al mondo dei vivi." "Basti pensare –
conclude - che da diversi anni ed ancora oggi, nonostante la sentenza della Corte Europea dei diritti
dell'uomo, possono trovarsi delle notizie sul sovraffollamento, sulle violenze, sulle patologie infettive
dilaganti, sugli atti di autolesionismo, sui suicidi, sui
decessi per malattia e per cause da accertare, solo o
prevalentemente attraverso internet, e spesso
dovendo pure digitare appositamente la parola "carceri" nei motori di ricerca, non essendo tali notizie
poste in evidenza nelle varie testate on line".

L'INIZIATIVA PIAZZA DELLE CARCERI E DELLA SICUREZZA DEL CITTADINO

Piazza delle Carceri e della Sicurezza del cittadino, anche detta semplicemente Piazza Carceri e Sicurezza, non è un ulteriore partito, non è un nuovo movimento, non è una associazione e non è nemmeno un comitato.

Piazza delle Carceri e della Sicurezza del cittadino, sorge in Italia, in provincia di Libertà (LB), ma non è un toponimo, non è un vero luogo geografico.

Piazza delle Carceri e della Sicurezza del cittadino, è una idea, è un luogo da immaginarsi mentalmente, è un luogo virtuale, più precisamente una piazza virtuale, dove le persone desiderose di ascoltare delle parole sulla giustizia penale, sulle carceri, sulla umana dignità, e sulla sicurezza dei cittadini, possono facilmente recarvisi, riunirsi, ed ascoltare in completa libertà. Una volta giunti in piazza, le persone interessate hanno inoltre la possibilità di partecipare attivamente, inviando commenti, suggerimenti e proposte.

Piazza delle Carceri e della Sicurezza del cittadino, non è una piazza storica d'Italia, essa è di stile completamente moderno, è stata progettata e costruita recentemente per cercare di rispondere ad un vero e
180

proprio deficit di dibattito e di informazione sul mondo delle carceri. La piazza è stata costruita per favorire il dialogo, il dibattito e l'informazione sul mondo delle carceri, in un tempo in cui si è pensato di risolvere i problemi delle carceri italiane non parlandone più e fingendo che gli stessi problemi fossero stati già tutti risolti.

I suicidi sono una delle tante piaghe delle carceri italiane, e tutte queste piaghe, in assenza di un serio dibattito e di una esauriente informazione, rischiano non solo di cronicizzare ma di allargarsi sempre più in maniera incontrollata e preoccupante.

Piazza delle Carceri e della Sicurezza del cittadino, non diversamente da tutte le piazze d'Italia e del mondo, ha un proprio sottosuolo e delle proprie fondamenta. Essa, pur essendo una costruzione autonoma e con un percorso architettonico del tutto autonomo, sorge sulle pietre e sui mattoni di una associazione sussistente sino all'anno 2014, ovvero sulle pietre e sui mattoni del Movimento Clemenza e Dignità, che ora fungono da sicure fondamenta per la stessa piazza. Pertanto, proprio perché sono le fondamenta su cui è costruita la piazza, vengono inglobati tutti i comunicati stampa e comunque tutte le attività già svolte dalla predetta associazione Clemenza e Dignità.

Il mondo delle carceri oltre alla dignità dell'uomo coinvolge una miriade di aspetti, spesso tra loro non facilmente conciliabili, tra cui anche la sicurezza degli stessi cittadini. Nella consapevolezza di questa grande complessità e di queste innumerevoli connessioni, Piazza delle Carceri e della Sicurezza del cittadino è stata costruita per affrontare le problematiche del carcere in una ottica nuova, ovvero nell'ottica di un grande bilanciamento e contemperamento di interessi e di diritti.

Piazza delle Carceri e della Sicurezza del cittadino, è stata così intitolata perché in maniera del tutto nuova, contemporaneamente alla tematica del carcere possa discutersi ed approfondirsi anche dell'imprescindibile necessità di sicurezza dei cittadini.

E' facile riscontrare nelle persone che seguono da vicino i problemi del carcere, una considerevole diffidenza nei confronti della tematica della sicurezza dei cittadini, come se molte paure fossero ingiustificate, come se il tema della sicurezza fosse soprattutto il prodotto della propaganda politica che cavalca e sfrutta le paure della gente.

E' facile riscontrare nelle persone che seguono da vicino il problema della sicurezza, una considerevole diffidenza nei confronti della tematica del carcere,

come se la voce e persino il semplice respiro del detenuto, possano mettere a repentaglio la sicurezza di
qualcuno.

Così come non è giusto ignorare i diritti e la dignità
delle persone ristrette, ugualmente non è giusto ignorare il profondo bisogno di legalità e di sicurezza
dei cittadini italiani, e più in particolare, non è giusto
che dinanzi al dilagare dei comportamenti criminali
ed in presenza di una vera e propria escalation di violenza, non vi siano delle risposte forti ed adeguate.

Tra la dignità del detenuto e la sicurezza dei cittadini,
non può esistere la logica del bianco o del nero, si
tratta, infatti, di diritti che sono entrambi non sacrificabili.

Piazza delle Carceri e della Sicurezza del cittadino è
stata costruita proprio per uscire dalla logica del
bianco o del nero, è stata costruita per scorgere e
porre in luce le innumerevoli tonalità di colore sussistenti, è stata costruita perché possa discutersi della
sicurezza dei cittadini senza escludere i diritti e la
dignità delle persone ristrette, è stata costruita per
promuovere un grande bilanciamento e contemperamento di interessi e di diritti.

La piazza è stata costruita per contribuire alla realizzazione della seguente idea: garantire la sicurezza

ai cittadini e contemporaneamente garantire i diritti e
la dignità ai detenuti.

La piazza, quindi, seguendo un'ottica nuova e completamente diversa, non è stata costruita per creare
un ulteriore luogo che sia esclusivamente a favore dei
ristretti, non è stata costruita per creare un luogo a
senso unico, non è stata costruita per creare un ulteriore luogo di mielosa ostentazione di senso di pietà
e di buoni sentimenti nei confronti dei detenuti.

Scendendo più nel concreto, si segnala che qualora
non intervengano nell'immediato delle importanti
modifiche del sistema sanzionatorio penale, e
qualora quindi la pena sostanzialmente continui a
consistere solo nella privazione di libertà personale,
è ragionevole pensare che una delle possibili chiavi
per riuscire a contemperare la dignità dei detenuti
con la sicurezza dei cittadini, potrebbe essere data da
un carcere nuovo. Intendendosi per carcere nuovo
non soltanto delle strutture di pena che siano meno
fatiscenti, non soltanto degli spazi meno angusti e
delle migliori condizioni igienico sanitarie, ma anche
un carcere organizzato diversamente, un carcere in
cui ci sia molto più spazio per la formazione, per lo
sport e soprattutto per il lavoro. Con la formazione e
con il lavoro, in pochi torneranno al crimine.

La predetta idea di un carcere nuovo, oltre ad essere

utile per contemperare la dignità dei detenuti con la sicurezza dei cittadini, potrebbe essere anche una delle possibili chiavi per dare veramente e finalmente attuazione all'art. 27 della Costituzione repubblicana, laddove recita che le pene non possono consistere in trattamenti contrari al senso di umanità e devono tendere alla rieducazione del condannato.

Stante la circostanza che il mondo delle carceri coinvolge una miriade di aspetti, spesso tra loro non facilmente conciliabili, l'ottica di un grande bilanciamento e contemperamento di interessi e di diritti, oltre ad essere più rispondente alla realtà delle cose rispetto alla mera azione politica di esclusivo supporto delle ragioni dei ristretti, appare essere anche la più vantaggiosa per gli stessi detenuti. Difatti, al di fuori del predetto bilanciamento e contemperamento, la formulazione di proposte estremamente favorevoli ai ristretti, eseguita in assenza delle concrete condizioni politiche per la loro approvazione, e più in particolare una volta posta in questo specifico contesto storico segnato dalla grande insicurezza, dall'emergenza terrorismo e dall'emergenza immigrati, non solo risulta essere del tutto inutile, ma scontrandosi in maniera palese con delle rilevanti esigenze di tutela della collettività, risulta essere anche controproducente. E' controproducente nel senso che la formulazione di tali proposte provoca di conseguenza delle bocciature così nette e violente, da spazzare via tutto, i piccoli miglioramenti delle condizioni di vita dei reclusi che potrebbero agevolmente ottenersi così come lo stesso argomento delle carceri complessivamente considerato.

Piazza delle Carceri e della Sicurezza del cittadino, non è un club, non è un salotto privato in cui si riuniscono solo gli amici, gli amici degli amici e gli affini, ma è una piazza. Pertanto, come tutte le piazze, essa è composita e frastagliata, si incontrano e si scontrano diverse passioni politiche, si incontrano e si scontrano diverse sensibilità, quelle religiose e quelle non religiose, si incontrano e si scontrano tanti pensieri e tanti punti di vista, quelli più preoccupati del pericolo radicalizzazione islamica, quelli più attenti alle specifiche esigenze delle persone offese dal reato, quelli più desiderosi di garantire la sicurezza dei cittadini in genere, quelli più attenti alle difficoltà degli operatori del settore e degli appartenenti al Corpo di polizia penitenziaria, quelli più sensibili ai diritti e alle necessità delle persone ristrette. E' compito del portavoce della Piazza, avendo quale criterio di orientamento per l'agire, quello della Costituzione e poi quale criterio suppletivo, quello del buon senso, formulare una sintesi, uscire dalla logica del bianco o del nero, formulare una comunicazione che mantenga sempre un giusto equilibrio tra le diverse esigenze e le diverse sensibilità presenti in piazza. E' compito del portavoce della Piazza, cercare una armonia, cercare di promuovere con particolare riferimento ai diritti dei detenuti e alla sicurezza dei cittadini, un grande bilanciamento e contemperamento degli interessi in gioco.

La piazza in coerenza con la libertà di pensiero, e nella consapevolezza che la questione carceri implica innumerevoli connessioni con altri aspetti del vivere associati, tra cui anche la sicurezza dei cittadini, desidera accogliere ed ascoltare tutti indistintamente, quelli convinti della necessità di un forte inasprimento delle pene così come, invece, quelli convinti, soprattutto, della necessità di rendere le pene maggiormente compatibili con il senso di umanità.

La piazza non è in zona a traffico limitato, essa è stata costruita secondo un'ottica nuova e totalmente differente, essa è stata costruita per essere veramente e finalmente un luogo aperto a tutti: da quelli che ritengono che per i delinquenti, una volta chiusi in cella, dovrebbero buttarsi via le chiavi a quelli che credono, invece, nelle valenze positive di un provvedimento generale di clemenza; da quelli che ritengono che sia necessario un ampliamento della

legittima difesa a quelli che, invece, vedono con preoccupazione al possibile fenomeno del dilagare
dell'utilizzo di armi per farsi giustizia da soli.

Piazza delle Carceri e della Sicurezza del cittadino
anche sotto il profilo delle possibili soluzioni alla
problematica del sovraffollamento dei penitenziari,
desidera essere una piazza senza transenne e senza
steccati. Essa come un abbraccio desidera coinvol-
gere tutti, da quelli che ritengono che il carcere dovrebbe essere l'extrema ratio e che sarebbe, quindi,
necessario prevedere delle nuove pene diverse dal
carcere sino a quelli che credono, invece, che l'attuale sistema sanzionatorio non vada assolutamente
mutato, essendo solo sufficiente che i detenuti stranieri scontino la loro pena nei rispettivi paesi
d'origine.

GIUSTIZIA: NASCE PIAZZA DELLE CARCERI
E DELLA SICUREZZA DEL CITTADINO
COMUNICATO STAMPA

Roma, 27 nov. 2017 – "Ora, c'è una iniziativa nuova
e che nel suo genere può dirsi veramente rivoluzio-
naria, perché si prefigge l'obiettivo di contribuire alla
realizzazione della seguente idea: garantire la
sicurezza ai cittadini, e contemporaneamente, garantire i diritti e la dignità delle persone detenute.
Questa iniziativa, si chiama Piazza delle Carceri e
della Sicurezza del cittadino". E' quanto afferma in
una nota inoltrata alle agenzie di stampa, Giuseppe
Maria Meloni, portavoce della predetta Piazza, e già
responsabile in materia di carceri, del movimento
Clemenza e Dignità. "Tra il mondo delle carceri e la
tematica della sicurezza dei cittadini – aggiunge
Meloni – vi è attualmente una contrapposizione così
netta, da assomigliare a quelle vecchie, di natura ideologica. Vi è una contrapposizione così netta, per cui
il mondo delle carceri potrebbe ad esempio assomigliare al nero e la tematica della sicurezza dei
cittadini, potrebbe, invece, assomigliare al bianco".
"Ecco, – conclude il portavoce Meloni – con questa
iniziativa consultabile anche all'indirizzo internet
www.piazzacarceriesicurezza.it, desideriamo proprio uscire dalla logica del bianco o del nero. Desideriamo farlo, perché tra la dignità del detenuto e la

189

sicurezza del cittadino, non può e non deve esistere la suddetta logica: si tratta, infatti, di diritti che sono entrambi non sacrificabili".

GIUSTIZIA: PIAZZA CARCERI E SICUREZZA, UN CARCERE NUOVO PER CONTEMPERARE LA DIGNITÀ DEI DETENUTI CON LA SICUREZZA DEI CITTADINI COMUNICATO STAMPA

Roma, 04 dic. 2017 – "La nuova iniziativa di Piazza delle Carceri e della Sicurezza del cittadino nasce per contribuire alla realizzazione della seguente idea: garantire la sicurezza ai cittadini italiani e al tempo stesso garantire i diritti e la dignità alle persone ristrette." Lo dichiara in una nota il portavoce della predetta piazza, Giuseppe Maria Meloni, che spiega: "Così come non è giusto ignorare i diritti e la dignità delle persone detenute, ugualmente non è giusto ignorare il profondo bisogno di legalità e di sicurezza dei cittadini italiani, e più in particolare, non è giusto che dinanzi al dilagare dei comportamenti criminali ed in presenza di una vera e propria escalation di violenza, non vi siano delle risposte forti ed adeguate." "Scendendo nel concreto, – rileva – deve segnalarsi che qualora non intervengano nell'immediato delle significative modifiche del sistema sanzionatorio penale, e qualora quindi la pena sostanzialmente continui a consistere solo nella privazione di libertà personale, è ragionevole credere che una delle possibili chiavi per riuscire a contemperare la dignità dei detenuti con la sicurezza dei cittadini, potrebbe essere data da un carcere nuovo." "Per carcere nuovo – continua – deve intendersi, non soltanto delle strutture di pena che siano meno fatiscenti, non soltanto degli spazi che siano meno angusti e delle migliori condizioni igienico sanitarie, ma anche un carcere organizzato in maniera differente, un carcere in cui ci sia molto più spazio per la formazione, per lo sport e soprattutto per il lavoro." "Mediante la formazione e attraverso il lavoro, – osserva Meloni – in pochi torneranno al mondo del crimine." "La suddetta idea di un carcere nuovo, – conclude – oltre ad essere vantaggiosa per contemperare la dignità dei detenuti con la sicurezza dei cittadini, potrebbe essere anche una delle possibili chiavi per dare veramente e finalmente attuazione all'art. 27 della Costituzione repubblicana, laddove sancisce che le pene non possono consistere in trattamenti contrari al senso di umanità e devono tendere alla rieducazione del condannato."

SICUREZZA: PIAZZA CARCERI E SICUREZZA, VALORIZZARE DI PIÙ LA FASE DI PREVENZIONE DEI REATI
COMUNICATO STAMPA

Roma, 11 dic. 2017 – "Da un lato, c'è un dilagare dei comportamenti criminali, una vera e propria escalation di violenza nelle nostre città, dall'altro lato, abbiamo la dignità e i più elementari diritti dei detenuti che già ora sono messi a dura prova dalla inadeguatezza delle strutture penitenziarie, e comunque dal sovraffollamento delle stesse strutture". Lo afferma in una nota Giuseppe Maria Meloni, portavoce di Piazza delle Carceri e della Sicurezza del cittadino, che aggiunge: "Vi è, quindi, una irrinunciabile necessità di punire che, tuttavia, allo stesso tempo, può dar luogo ad un contrasto forte, ad un corto circuito con dei diritti che sono ugualmente non rinunciabili, trattandosi dei diritti più elementari della persona umana". "Dinanzi a questa situazione, – osserva – e per evitare pericolosi corti circuiti, sarebbe importante anche valorizzare maggiormente quella particolare fase che, pur essendo meno spettacolare di un arresto, meno spettacolare di un processo e meno spettacolare dell'esecuzione della pena, risulta essere, comunque, fondamentale: la fase di prevenzione dei comportamenti criminali." "In particolare, – conclude il portavoce Meloni – sarebbe importante che in ogni quartiere, in ogni piazza, e nelle vie principali, fosse sempre ben visibile ed evidente, una presenza costante delle forze dell'ordine, quale deterrente alle condotte criminali e, quindi, al fine proprio di impedire che siano commessi dei reati".

CARCERI: PIAZZA CARCERI E SICUREZZA, IL REINSERIMENTO DEGLI EX DETENUTI INCIDE SULLA SICUREZZA DELLA CITTADINANZA.
COMUNICATO STAMPA

Roma, 19 dic. 2017 – "Un discorso serio ed esaustivo circa la sicurezza della cittadinanza non può prescindere dal problema del reinserimento sociale degli ex detenuti." Così in una nota Giuseppe Maria Meloni, portavoce di Piazza delle Carceri e della Sicurezza del cittadino, che aggiunge: "Molto spesso, queste persone, una volta uscite dal carcere, si trovano prive di una abitazione, prive di una rete familiare di sostegno, prive di formazione, prive di lavoro, ed anche con la buona volontà, non riescono proprio a trovare una possibile strada alternativa al crimine." "I numeri – osserva Meloni – dicono che sono tantissimi coloro che tornano a delinquere una volta scontata la pena." "Proprio questi numeri, –

conclude – dovrebbero stimolare una visione di
questa problematica, in maniera completamente differente da quella attuale, ovvero dovrebbero stimolare una visione di questa problematica del reinserimento, non solo come un fatto di pietà umana e di
solidarietà sociale, ma soprattutto come una questione di enorme interesse per la sicurezza della cittadinanza."

CARCERI: PIAZZA CARCERI E SICUREZZA, 52 SUICIDI E TANTISSIMI DETENUTI CHE SONO MORTI INTERIORMENTE. COMUNICATO STAMPA

Roma, 28 dic. 2017 – "52 suicidi nelle carceri italiane dall'inizio dell'anno significano non solo un numero impressionante di morti, ma sono anche l'indizio di un numero molto più grande di persone detenute che pur non essendo morte nel corpo, sono
morte dentro, sono morte nel cuore, nel cervello,
nell'anima". E' quanto afferma in una nota Giuseppe
Maria Meloni, portavoce di Piazza delle Carceri e
della Sicurezza del cittadino, che spiega: "Tantissimi
ristretti non arrivano a suicidarsi, ma reagiscono alle
condizioni di vita del carcere, con una morte interi-
ore." "Ecco, – rileva – una esperienza di carcere così
devastante non ha nulla a che vedere con la finalità

194

rieducativa della pena, e in prospettiva, una volta che si è usciti, mette seriamente a repentaglio anche la sicurezza della cittadinanza". "Il carcere – conclude Meloni – deve essere una esperienza che tende a rigenerare le persone, a rinnovarle, a renderle migliori, e non a distruggerle".

PIAZZA CARCERI E SICUREZZA: PER AUMENTARE LA SICUREZZA PERCEPITA BISOGNA AGIRE SULLA SFIDUCIA, SULLA RASSEGNAZIONE E SULLA PAURA. COMUNICATO STAMPA

Roma, 03 gen. 2018 – "La sicurezza reale, quella rilevabile dai dati statistici è importante, ma non meno importante è la sicurezza percepita, ovvero quella avvertita in maniera soggettiva dal singolo cittadino." Lo dichiara in una nota Giuseppe Maria Meloni, portavoce di Piazza delle Carceri e della Sicurezza del cittadino che aggiunge: "Al di là dei dati statistici ed oggettivi, infatti, è soprattutto la sicurezza concretamente percepita che può creare quelle condizioni perché la personalità umana così come le discendenti iniziative politiche, economiche e sociali, possano liberamente e pienamente esplicarsi e svilupparsi." "La sicurezza reale e la sicurezza

percepita, – continua – tendono spesso a non coin-
cidere esattamente. Ad esempio in questo particolare
momento storico i dati sulla sicurezza reale sembrano essere molto più rassicuranti rispetto alla
sicurezza percepita dal singolo cittadino." "Proprio
al fine di cercare di venire in soccorso di un diffuso
senso di insicurezza percepito dalla cittadinanza, –
rileva – vi è la tendenza, specie nella comunicazione
che scaturisce dai media, a chiedere che la pena sia
particolarmente severa, se non crudele." "In realtà, –
precisa – se la certezza della pena, influisce per davvero sulla sicurezza percepita, l'eventuale disumanità della stessa pena, non è invece, in grado di far accrescere, realisticamente, la sicurezza percepita nella
cittadinanza." "Sulla circostanza – osserva – che la
sicurezza reale e la sicurezza percepita non sempre
vadano coincidendo, si sostiene da più parti che ciò
possa essere dovuto al fatto che i media vanno gen-
erando una martellante comunicazione sugli episodi
di cronaca, creando un conseguente senso di allarme,
così come al fatto che la sicurezza percepita in sè, è
comunque sempre influenzata dall'emotività dell'individuo." "Questa lettura, tuttavia, – spiega Meloni –
appare essere molto sbrigativa, troppo riduttiva e superficiale, in quanto la circostanza che non vi sia una
perfetta coincidenza tra sicurezza reale e percepita,
potrebbe essere anche determinata dal fatto di una
sfiducia, di una rassegnazione, se non di una paura

che spinge in molti casi i cittadini a non segnalare dei
fatti antigiuridici, che sebbene non vengano portati
alla luce, sono, invece, realmente accaduti e sono
stati concretamente percepiti dalle persone." "Per
consentire che la sicurezza reale possa essere maggiormente sovrapponibile a quella percepita, – conclude – sarebbe, quindi, necessario agire anche attraverso la potente persuasione dei media sulla predetta sfiducia, sulla predetta rassegnazione e sulla
predetta paura. Non si tratta di un processo facile, ma
in prospettiva, e per via, poi, dell'iter di giustizia e di
pena che ne dovrebbe conseguire, far venir meno
questa sfiducia, questa rassegnazione e questa paura,
significherebbe anche aumentare la sicurezza percepita dalla cittadinanza".

PIAZZA CARCERI E SICUREZZA:
ATTENZIONE AL RAZZISMO NEI
CONFRONTI DEGLI ITALIANI
COMUNICATO STAMPA

Roma, 08 gen. 2018 – "Non è contestabile il fatto che
nell'ambito dei soggetti resisi responsabili di reati, vi
sia attualmente una presenza consistente di soggetti
stranieri, così come non è contestabile il fatto che
nell'ambito delle persone ristrette, vi sia attualmente
una consistente presenza di soggetti appartenenti a

nazionalità diverse da quella italiana." Lo dichiara in
una nota Giuseppe Maria Meloni, portavoce di Piazza delle Carceri e della Sicurezza del cittadino, che
aggiunge: "L'insicurezza che discende dalla questione immigrazione, tuttavia, non è data solo dal fatto
della commissione di un fatto di reato, poiché vi è
anche un altro tipo di paura, vi è un altro tipo di insicurezza, la paura di perdere il proprio dna, le proprie tradizioni culturali e religiose, sino a divenire
discriminati". "Non si tratta – osserva – di un fatto
emotivo nei riguardi dello straniero, di una paura ir-
razionale e ingiustificata, la nostra politica dell'accoglienza, in tanti anni, è stata tutta impostata nel
senso di non fare adeguare i nuovi arrivati alle nostre
culture e mentalità, ma diluendo e annacquando le
nostre culture e mentalità sino a renderle completamente irrilevanti". "Ad esempio, nelle scuole – continua – si è giunti persino a svuotare di significato il
Natale, per paura di turbare la sensibilità degli altri
bambini appartenenti alle altre religioni". "Noi –
conclude – abbiamo un patrimonio di valori cristiani
da salvaguardare, un patrimonio che ci impone a sua
volta un dovere di solidarietà e di accoglienza nei riguardi degli immigrati. Le questioni, tuttavia, vanno
viste sempre con buon senso ed equilibrio, ovvero bisogna stare attenti e vigilare non soltanto sul
razzismo nei riguardi dei nuovi arrivati, ma anche sul
razzismo nei confronti degli stessi italiani".

PIAZZA CARCERI E SICUREZZA: PER AUMENTARE LA SICUREZZA DEI CITTADINI È NECESSARIO PORTARE NELLE CARCERI LO SPIRITO DEGLI ESAMI DI RIPARAZIONE COMUNICATO STAMPA

Roma, 12 gen. 2018 – "Una pena che si sostanzi solamente nel trascorrere del tempo, senza adoperarsi in nulla, non può essere rieducativa. Dal trascorrere le giornate sui letti e giocando a carte, non potrà mai ricavarsi alcun tipo di rieducazione". Lo afferma in una nota Giuseppe Maria Meloni, portavoce di Piazza delle Carceri e della Sicurezza del cittadino. "Una pena – spiega Meloni – che non tenda alla rieducazione del condannato diviene poi altamente pericolosa per la sicurezza della cittadinanza". "Per orientare la pena verso la rieducazione, e quindi per aumentare in prospettiva anche la sicurezza dei cittadini, sarebbe necessario – osserva – portare nelle carceri lo spirito degli esami di riparazione nelle scuole." "Bisogna far emergere nel detenuto – aggiunge – quell'impegno, quella voglia di riscatto, quel desiderio di farcela, quel desiderio di non essere bocciati che coltivano durante l'estate gli studenti delle scuole rimandati a settembre. Bisognerebbe subordinare dei premi, dei benefici, non soltanto alla buona condotta ma anche al superamento di veri e propri esami che dimostrino effettivamente l'impegno pro-

199

fuso dal detenuto in determinate attività utili al reinserimento". "Bisognerebbe – conclude – che anche una volta scontata la pena, il fatto dell'impegno profuso dal detenuto, il fatto ad esempio di aver partecipato attivamente a dei percorsi di formazione e/o di lavoro, possa consentire automaticamente delle agevolazioni e dei vantaggi in termini di reinserimento, da non potersi riconoscere, invece, a chi ha scelto di trascorrere il periodo di pena nell'ozio completo".

SICUREZZA: PIAZZA CARCERI E SICUREZZA, RIACCENDERE L'ATTENZIONE SUI PERICOLI DATI DAL CONSUMO DELLE SOSTANZE STUPEFACENTI COMUNICATO STAMPA

Roma, 15 gen. 2018 – "Per accrescere la sicurezza dei cittadini, è necessario colpire il più grande motore di reati che possa esistere: la droga. I reati che discendono dalla dipendenza dagli stupefacenti sono tantissimi e avvengono quotidianamente, un esempio di scuola può darsi con i furti e le rapine eseguiti al fine di acquistare la dose giornaliera. A conferma della estrema rilevanza del fattore della droga, deve significarsi che conseguentemente al gran numero di reati connessi all'uso degli stupefacenti, abbiamo nelle nostre carceri un numero impressionante di detenuti tossicodipendenti. Dinanzi a questa realtà, e per rendere meno lesivo questo enorme motore di reati, dobbiamo anche ragionare per i ristretti tossicodipendenti, tramite un approccio totalmente diverso. Dobbiamo cioè ragionare con un approccio mentale per cui il reo tossicodipendente non solo va punito, ma proprio al fine di renderlo migliore una volta scontata la pena, esso deve essere anche curato nel migliore dei modi possibili. Inoltre, dinanzi all'affermarsi di una visione assai pericolosa, per cui ad esempio "farsi una canna", risulterebbe essere un fatto di apertura mentale, quasi una cosa positiva, quasi un valore aggiunto, è necessario fare il più grande investimento sulla sicurezza che sia possibile fare in prospettiva, ovvero riaccendere l'attenzione sui pericoli dati dal consumo delle sostanze stupefacenti, attivare specialmente per i più giovani e nelle scuole delle grandi e martellanti campagne di sensibilizzazione contro l'utilizzo delle sostanze stupefacenti". Così in una nota Giuseppe Maria Meloni, portavoce della nuova iniziativa denominata Piazza delle Carceri e della Sicurezza del cittadino.

CARCERI: PIAZZA CARCERI E SICUREZZA, L'ANNO È APPENA COMINCIATO E GIÀ 3 SUICIDI NELLE CARCERI ITALIANE COMUNICATO STAMPA

Roma, 17 gen. 2018 – "L'anno nuovo è cominciato da pochi giorni e già è stato possibile registrare tre suicidi nelle carceri italiane. Si tratta delle tragedie avvenute nel carcere di Uta, nel carcere di Civitavecchia, e nel carcere di Barcellona Pozzo di Gotto. Dinanzi a questo dramma senza fine dei suicidi nelle nostre carceri, c'è da rimanere senza parole, e, forse, il poco fiato che rimane, va speso solo per ribadire il concetto che avere a cuore la sicurezza dei cittadini non significa e non può significare dimenticarsi della dignità, della vita e della salute dell'essere umano che è ristretto". Così in una nota Giuseppe Maria Meloni, portavoce di Piazza delle Carceri e della Sicurezza del cittadino.

SICUREZZA: PIAZZA CARCERI E SICUREZZA, SONO BABY GANG, MA GIOVANI DI OGGI PIÙ CONSAPEVOLI DI UNA VOLTA COMUNICATO STAMPA

Roma, 19 gen. 2018 – "Ferma restando tutta la va-

lidità dello schema del processo minorile nel recuperare i giovani e nel far emergere effettivamente
tutte le loro valenze positive, la capacità di intendere
la realtà che posseggono i giovani di oggi, specie per
via delle sollecitazioni di internet e delle nuove
tecnologie in genere, non appare essere minimamente comparabile con quella dei ragazzi di una
volta. Dinanzi poi agli episodi di questi giorni, di
profonda violenza da parte di giovanissimi, episodi
che mettono a repentaglio la sicurezza comune e che
rivelano capacità criminali, forse addirittura superi-
ori a quelle degli adulti, non è possibile non riflettere
sull'opportunità di rivedere, e quindi, di abbassare
l'età massima entro cui il reo possa essere destina-
tario delle disposizioni di favore proprie del procedimento minorile." Lo afferma in una nota Giuseppe
Maria Meloni, portavoce di Piazza delle Carceri e
della Sicurezza del cittadino.

PIAZZA CARCERI E SICUREZZA:
FINALMENTE QUALCUNO HA PARLATO DI
CARCERI IN CAMPAGNA ELETTORALE
COMUNICATO STAMPA

Roma, 23 gen. 2018 – "Sembra un argomento avvel-
enato, un argomento da cui fuggire velocemente e a
tutti i costi per non perdere consensi, ma gli italiani

sono meno superficiali di quello che credono molti
politici, di quello che credono gli strateghi della comunicazione e delle campagne elettorali, gli italiani
lo sanno che una buona parte dei problemi di
sicurezza discende proprio da chi ha già avuto modo
di scontare una pena, gli italiani lo sanno che dietro
l'argomento del carcere, e dietro la possibile rieducazione del condannato, si gioca invece una delle
partite più importanti per la sicurezza della cittadinanza. Nel silenzio generale sull'argomento, tuttavia, è doveroso segnalare una lodevole eccezione.
Recentemente, il Segretario della Lega, Matteo Sal-
vini, ha rappresentato l'esigenza del lavoro obbligatorio in carcere per tutti i condannati in via definitiva,
come in Austria, affermando che proporrà questo
tema come integrazione al programma del centrodestra." Così in una nota Giuseppe Maria Meloni,
portavoce di Piazza delle Carceri e della Sicurezza
del cittadino.

PIAZZA CARCERI E SICUREZZA:
GUARDANDO ALLE CARCERI FRANCESI,
TANTA AMMIRAZIONE NEI CONFRONTI
DELLA NOSTRA POLIZIA PENITENZIARIA
COMUNICATO STAMPA

Roma, 26 gen. 2018 – "Guardando a ciò che succede

nelle carceri francesi, guardando quindi alle
rivendicazioni salariali dei secondini, sostenute attraverso proteste che mettono a repentaglio il normale e corretto funzionamento delle prigioni, è doveroso palesare un senso di ammirazione per l'operato della nostra Polizia Penitenziaria. Si tratta di un
senso di ammirazione per la profonda responsabilità
con cui vengono sempre portate avanti le istanze di
natura sindacale della categoria, e si tratta, comunque, di un senso di ammirazione e di apprezzamento
per un lavoro difficile, per un operato spesso costel-
lato di pericoli, per un operato spesso svolto tra aggressioni e tentativi di aggressione, tra innumerevoli
atti di autolesionismo, tra suicidi e tantissimi tentativi di suicidio." Così in una nota trasmessa alle agenzie di stampa, Giuseppe Maria Meloni, portavoce di
Piazza delle Carceri e della Sicurezza del cittadino.

PIAZZA CARCERI E SICUREZZA: ANCHE LA
GIUSTIZIA CIVILE CONTRIBUISCE ALLA
GRANDE INSICUREZZA
COMUNICATO STAMPA

Roma, 05 feb. 2018 – "A determinare così tanta insicurezza nella cittadinanza è anche la situazione
della nostra giustizia civile." Lo afferma in una nota

Giuseppe Maria Meloni, portavoce della nuova iniziativa, denominata Piazza delle Carceri e della
Sicurezza del cittadino, che aggiunge: "Nonostante
la tendenza del nostro diritto penale ad inglobare
tutto e ad occuparsi di tutto, moltissime condotte
poste in essere, che sembrano così odiose da appartenere all'ambito penale, poi, in realtà, non sono
esattamente riconducibili alle figure di reato previste
nell'ordinamento. Specialmente nell'ambito com-
merciale e dei diritti reali, e nonostante apposite de-
nunce che vengono sporte, si tratta spesso di vicende
che appartengono più che altro alla sfera civilistica."
"La giustizia civile, tuttavia, – osserva – non è in
grado di proteggere in maniera adeguata il cittadino.
Il fatto che un cittadino o una impresa possa avere
eventualmente giustizia dopo tanti anni e tante spese
sostenute, attraverso un risarcimento del danno subito che in molti casi neanche si concretizzerà per via
di situazioni patrimoniali che nel trascorrere del
tempo vengono appositamente preparate nelle parti
soccombenti, significa offrire una prospettiva allet-
tante per chi vuole infrangere la legge, significa favorire il dilagare dei comportamenti delinquenziali."
"La giustizia civile, quindi, – sottolinea – deve cambiare radicalmente volto per essere in grado di tutelare maggiormente il cittadino. Innanzitutto l'e-
strema velocità delle comunicazioni e delle trans-
azioni economiche, ci impongono oggi che l'urgenza

206

nelle procedure di giustizia civile, debba divenire la regola e non l'eccezione. Inoltre, sotto il profilo sanzionatorio il risarcimento del danno, non basta più."
"Difatti, – rileva – per mandare un forte messaggio di legalità, per non far sentire solo il cittadino, per far capire che nonostante si tratti di questioni privatistiche, c'è comunque uno Stato, c'è comunque una legge, e non stiamo vertendo di una terra di nessuno, bisogna introdurre nella giustizia civile dei veri e propri profili punitivi. Profili punitivi che siano in grado di fungere da deterrente anche nei confronti di ulteriori potenziali trasgressori." "Per profili punitivi – spiega – non si intendono quelli da attivarsi in caso di atteggiamento temerario durante la lite, ovvero non si intendono quelli che attengono al comportamento processuale di una parte connotato da mala fede o colpa grave, ma si intendono quelli da attivarsi nel caso in cui venga riscontrato il dolo o la colpa grave nell'ambito delle condotte per cui è la causa."
"Naturalmente – conclude Meloni – i profili punitivi di cui si discute, non possono consistere nella privazione della libertà personale che appartiene all'ambito sanzionatorio penale, ma potrebbero ad esempio consistere in una attività da prestarsi gratuitamente nei riguardi della parte vittoriosa o nei riguardi della collettività, da aggiungersi all'ordinaria sanzione del risarcimento del danno subito. Ugualmente, gli stessi profili punitivi, prendendo spunto dai danni punitivi

degli ordinamenti di Common Law, potrebbero ad esempio consistere in un risarcimento ulteriore rispetto a quello che è strettamente necessario per compensare il danno subito".

IMMIGRAZIONE: PIAZZA CARCERI E SICUREZZA, ABBIAMO IL DIRITTO E IL DOVERE DI FARE DELLE DOMANDE A CHI GIUNGE IN ITALIA
COMUNICATO STAMPA

Roma, 13 feb. 2018 – "Sulla questione della sicurezza e dell'immigrazione, tra fascismo, antifascismo, razzismo, accoglienza cristiana, comunismo e anticomunismo, si sta facendo solo una grande confusione che non aiuta a mettere a fuoco i problemi. Servono chiarezza e maggiore lucidità di pensiero. In primo luogo, va riconosciuto il fatto che il fenomeno dell'immigrazione, specialmente se incontrollata, porta con sé delle conseguenze importanti sulla sicurezza della cittadinanza. Va poi riconosciuto il fatto che l'immigrato, per il solo fatto di essere tale, non costituisce necessariamente un problema di sicurezza, l'immigrato è innanzitutto un essere umano come noi, è un soggetto dotato di una incomprimibile dignità, è un soggetto titolare di tutti i diritti essenziali che appartengono alla personalità umana.

Deve poi prendersi in considerazione il fatto che una volta che gli immigrati giungono nel nostro Paese, non è facile, anche per via della questione degli accordi bilaterali, rimandare a casa chi non ha il diritto di rimanere in Italia. Allo stesso tempo, deve significarsi che i confini, non sono un concetto fascista, ma sono un elemento che concerne lo Stato, l'esercizio della sua sovranità sul territorio. Detto ciò appare chiaro che noi non solo abbiamo il diritto ma per salvaguardare la nostra sicurezza, abbiamo anche il dovere di porre innumerevoli domande a chi decide di giungere nel nostro Paese. Abbiamo il diritto ed anche il dovere di conoscere meglio queste persone. Non possiamo aprire le porte a tutti indistintamente, dobbiamo necessariamente operare preliminarmente delle selezioni, che ci consentano di promuovere l'armonia sociale, che ci consentano di far coesistere l'accoglienza e la solidarietà verso i nuovi arrivati con la sicurezza dei cittadini italiani." Così in una nota Giuseppe Maria Meloni, portavoce di Piazza delle Carceri e della Sicurezza del cittadino.

ELEZIONI: PIAZZA CARCERI E SICUREZZA, PARTITI DICANO SUBITO SE FARANNO NUOVE INTESE DOPO IL VOTO COMUNICATO STAMPA

Roma, 21 feb. 2018 – "Gli italiani si recheranno alle urne il prossimo 4 marzo, e sceglieranno un partito politico anziché un altro, anche in virtù del modello di sicurezza che gli stessi italiani desiderano che venga applicato per l'Italia dei prossimi cinque anni. Nel caso in cui a seguito delle consultazioni, non ci sia una maggioranza, e nel caso in cui si giunga a delle intese più o meno larghe, è, tuttavia, evidente che su tanti temi, tra cui la stessa sicurezza, non si opererà secondo l'idea di un partito o di una coalizione, non si opererà secondo quell'idea che aveva persuaso il singolo elettore a scegliere quel partito o comunque quella coalizione, ma si agirà attraverso qualcosa di completamente diverso, ovvero si agirà attraverso una grandissima mediazione tra le convinzioni proprie delle varie forze politiche che sosterranno l'esecutivo. Pertanto, al fine di essere leali con gli italiani, al fine di non tradire gli italiani, sarebbe importante che gli elettori, per il caso in cui non si concretizzi una maggioranza, possano conoscere in anticipo l'eventuale disponibilità delle forze politiche verso forme di intesa che non siano state palesate durante questa campagna elettorale." E'

quanto afferma in una nota Giuseppe Maria Meloni,
portavoce di Piazza delle Carceri e della Sicurezza
del cittadino.

PIAZZA CARCERI E SICUREZZA, LA LEGITTIMA DIFESA VA RESA PIÙ VICINA ALLA REALTÀ COMUNICATO STAMPA

Roma, 27 feb. 2018 – "In astratto è certamente giusto
il principio per cui nella legittima difesa, la difesa
debba essere proporzionata all'offesa, ma nel concreto, si tratta, tuttavia, di un principio che appare essere applicabile solo dopo i fatti di aggressione e durante la fase di valutazione degli stessi fatti. Mentre
si è sottoposti ad una aggressione, si agisce d'istinto
senza pensare, non ci sono i tempi di una partita a
scacchi, e molte volte se non si fa per primi una
mossa, non c'è neanche la possibilità di fare una con-
tromossa. In quelle frazioni di secondo, nessuno può
capire sino a che punto e attraverso quali modalità
vorrà effettivamente spingersi l'aggressore. In quelle
frazioni di secondo, vi è anche nei soggetti più freddi
e razionali, una predominanza del senso di panico
che influisce con certezza sulle strategie difensive
dell'aggredito. Al fine di rendere la legittima difesa
più vicina alla realtà, ed al fine di non mandare in

211

galera le vittime dei reati, è quindi necessario che attraverso le forme giuridiche ritenute più opportune,
possa inserirsi nel codice una praticabile giustificazione per l'eventuale situazione di sproporzione tra
la difesa e l'offesa". Così in una nota alle agenzie,
Giuseppe Maria Meloni, portavoce dell'iniziativa
denominata Piazza delle Carceri e della Sicurezza del
cittadino.

CARCERI: PIAZZA CARCERI E SICUREZZA,
NON SERVONO GRANDI RIFORME PER
IMPEGNARE I DETENUTI IN QUALCHE
ATTIVITÀ
COMUNICATO STAMPA

Roma, 19 mar. 2018 – "I detenuti non possono essere
lasciati nell'apatia totale. Le giornate trascorse sui
letti, fissando il soffitto della cella, guardando la televisione, e poi giocando a carte, risultano essere
valevoli ai fini del computo della pena, ma non risultano essere particolarmente utili ai fini della rieducazione del condannato. Si tratta di una situazione che
è preoccupante e pericolosa, poiché la mancata rieducazione del condannato produce a sua volta delle
pesanti ripercussioni sulla sicurezza della cittadinanza. Il vivere lo stato detentivo nella totale inoper-

osità, dovrebbe essere solo un fatto eccezionale, motivato ad esempio da gravi questioni di salute. In ogni penitenziario della penisola sarebbe, quindi, necessario attivare dei percorsi che siano realmente accessibili a tutti i ristretti e che consentano agli stessi di scegliere autonomamente di cosa desiderino occuparsi durante il periodo della loro detenzione. Potrebbe trattarsi di approfondire l'istruzione, così come potrebbe trattarsi di svolgere delle attività lavorative manuali o intellettuali. Per ragioni di sicurezza e di certezza della pena sarebbe opportuno che tutte le attività venissero svolte all'interno del carcere e per quanto concerne specificamente le prestazioni di lavoro, dovrebbe trattarsi di attività da prestarsi in maniera tendenzialmente gratuita, o quanto meno di attività per le quali sia trattenuta la maggior parte dello stipendio al fine di compensare le spese di mantenimento e comunque tutti i costi sostenuti dallo Stato per il fatto della detenzione. E' importante che sotto il profilo economico il lavoro in carcere rispetti queste precise caratteristiche perché, a parte la necessità di evitare il paradosso che un detenuto possa arrivare a guadagnare di più dell'agente di Polizia Penitenziaria che deve occuparsene o di più dell'Avvocato che deve difenderlo, il lavoro in carcere non risulta essere pensato per la generazione di un profitto per il reo. Il lavoro in carcere se non è volto anche al risarcimento del danno arrecato alla

collettività mediante le condotte antigiuridiche poste
in essere, è, comunque, volto sicuramente a far splendere nel detenuto tutta la dignità dell'essere umano,
è volto sicuramente alla rieducazione del condannato, al suo recupero come persona, alla sua reintegrazione nella società una volta finita di scontare la
pena. Per poter realizzare queste elementari innova-
zioni nelle carceri italiane, per impegnare, quindi, i
detenuti in qualche attività, non servono delle grandi
riforme astratte, non serve un grande giurista alla
Kelsen che ne stabilisca le modalità di regolamenta-
zione, non servono delle dichiarazioni di principio, e
non servono nemmeno delle ingenti risorse economiche. Per poter realizzare queste elementari innova-
zioni, servono solo un po' di buona volontà, un po'
di amore autentico per la nostra Costituzione e il suo
art. 27, e soprattutto servono quei fatti che,
purtroppo, da tanti anni risultano essere troppo pochi,
ovvero i fatti concreti". Così in una nota alle agenzie
di stampa, Giuseppe Maria Meloni, portavoce di Piazza delle Carceri e della Sicurezza del cittadino.

CARCERI: PIAZZA CARCERI E SICUREZZA, APPELLO AL CENTRODESTRA E M5S PER INCREMENTO POSSIBILITÀ DI LAVORO COMUNICATO STAMPA

Roma, 16 apr. 2018 – "I suicidi, i tentativi di suicidio e gli atti di autolesionismo, sono un dato costante nelle nostre carceri. Nell'anno passato siamo giunti addirittura al triste conteggio di 52 suicidi nelle carceri italiane e anche quest'anno, ugualmente, è ricominciato il triste conteggio dei morti." Lo afferma in una nota Giuseppe Maria Meloni, portavoce di Piazza delle Carceri e della Sicurezza del cittadino, che aggiunge: "Alla base di questa tragedia, ci sono sofferenze e problemi psichici, per cui non risultano essere sufficienti i farmaci tradizionali". "Esiste, tuttavia, – prosegue – un farmaco molto potente, rivoluzionario quanto naturale, che sarebbe in grado di alimentare così tanti e nuovi orizzonti di pensiero da distogliere l'attenzione sul proposito di darsi la morte o comunque di farsi del male, che sarebbe in grado di cambiare la giornata ai detenuti e di farli alzare la mattina dal letto con la sensazione di avere uno scopo nella vita: il lavoro." "Impegnare i detenuti in qualche attività – sostiene – è essenziale per la rieducazione del condannato, per il recupero della persona, per la positiva reintegrazione nella società una volta finita di scontare la pena. Se la pena non tende alla rieducazione, chi esce dal carcere tornerà nuovamente a delinquere, e i numeri dicono che sono tantissimi coloro che tornano a delinquere una volta scontata la pena." "Inoltre, – osserva – impegnare i detenuti in qualche attività, risulta essere essenziale anche per la salute mentale del detenuto". "Il lavoro nelle carceri, quindi, – spiega Meloni – non solo è un mezzo utile per aumentare in prospettiva la sicurezza della cittadinanza, ma è anche un mezzo utile per fermare da subito la piaga dei suicidi e degli atti di autolesionismo all'interno dei penitenziari." "Al riguardo, – conclude – premettendo che non si tratta di misure salva ladri, non essendovi la minima intenzione di mettere in discussione la certezza della pena, e precisando che le attività lavorative in questione dovrebbero svolgersi in maniera tendenzialmente gratuita, faccio un appello alle forze politiche vincitrici di queste consultazioni elettorali, al centrodestra ed al Movimento 5 stelle, perché nel prossimo agire politico, con l'intento di potenziare la sicurezza della cittadinanza e la difesa della vita e della salute di ogni essere umano, possano consentire una grande diffusione del lavoro e comunque una grande diffusione di attività di istruzione e formazione all'interno delle carceri italiane."

SICUREZZA: PIAZZA CARCERI E SICUREZZA, C'È BISOGNO DI UNA INVASIONE DI TELECAMERE (FUNZIONANTI) COMUNICATO STAMPA

Roma, 07 mag. 2018 – "Non ha veramente senso parlare di privacy, quando in gioco c'è la sicurezza, ovvero il bene che, forse, più di tutti, sta a cuore ai cittadini italiani". Lo dichiara in una nota Giuseppe Maria Meloni, portavoce di Piazza delle Carceri e della Sicurezza del cittadino, che aggiunge: "Il fastidio di essere ripresi dalle telecamere mentre camminiamo per la strada, parliamo, sbadigliamo, o magari fumiamo una sigaretta, è veramente poca cosa rispetto alla possibilità di usufruire di uno strumento che è un deterrente formidabile alle attività criminali, che è capace di svelare le dinamiche e spesso anche i volti degli autori di reato." "C'è bisogno – sottolinea – che nelle nostre città, nelle metro e persino nei bus, avvenga una vera e propria invasione di telecamere". "Attraverso questa invasione elettronica – osserva – possiamo bonificare le zone di spaccio, e comunque bonificare quei territori che sono in mano alla criminalità. Tramite questa invasione possiamo aiutare i commercianti a sentirsi più sicuri mentre svolgono il loro lavoro, possiamo aiutare le persone anziane ad uscire di casa senza il panico di essere un bersaglio facile, e possiamo aiutare gli abitanti delle estreme

periferie a vivere una esistenza con maggiore serenità, senza sentirsi quotidianamente nel far west."
"Naturalmente, – conclude il portavoce Meloni – non
deve trattarsi di telecamere assimilabili a quelle finte,
nel senso che non è sufficiente la mera installazione
di questi dispositivi, gli stessi devono essere anche
opportunamente manutenzionati nel tempo per risultare poi effettivamente funzionanti".

SICUREZZA: PIAZZA CARCERI E
SICUREZZA, BISOGNA AGIRE ANCHE SULLA
DISOCCUPAZIONE E SULLA POVERTÀ
COMUNICATO STAMPA

Roma, 24 mag. 2018 – "L'Italia è un paese fortemente segnato dalla povertà, dalla disoccupazione e
dalle disuguaglianze. Le difficoltà a trovare una occupazione, le difficoltà a poter condurre una vita in
maniera dignitosa, attraversano tutta la nostra
Penisola e certamente influenzano la scelta personale
di commettere dei reati. In alcuni casi i cittadini si
trovano dinanzi all'impossibilità di effettuare una
vera scelta tra il bene e il male, poiché l'unica possibilità di ottenere un sostentamento economico è data
proprio dall'adesione alla cultura criminale. Per trat-
tare la questione della sicurezza in maniera di poterla

accrescere, c'è bisogno, quindi, di un approccio globale, ovvero di un approccio che oltre agli aspetti di
giustizia penale, approfondisca ed affronti anche le
grandi questioni economiche e sociali che attualmente affliggono il nostro Paese". Così in una
nota alle agenzie, Giuseppe Maria Meloni, portavoce
di Piazza delle Carceri e della Sicurezza del cittadino.

SICUREZZA: PIAZZA CARCERI E
SICUREZZA, PRIMA DI PENSARE AI GRANDI
PROGETTI, ACCENDIAMO LE LUCI
COMUNICATO STAMPA

Roma, 05 giu. 2018 – "Prima di pensare ai grandi
progetti sulla sicurezza, facciamo in modo che le
nostre città siano illuminate in maniera adeguata.
Leviamo il buio e la penombra dalle strade. Milioni
di italiani, specialmente le donne e gli anziani, hanno
paura di andare in giro di notte. L'Italia non rispar-
mia sull'illuminazione pubblica anzi spende troppo,
ma nonostante questo i risultati sono scadenti. Le
cause discendono anche da problemi di tecnologia e
di progettazione, problemi che spesso nè i piccoli comuni da soli e nè le grandi città dalle vaste periferie,
riescono ad affrontare in maniera appropriata. Per au-

mentare la sicurezza dei cittadini è, quindi, essenziale che intervenga lo Stato, è essenziale che lo Stato
scenda direttamente in campo sul problema dell'illuminazione pubblica, non soltanto fornendo un coor-
dinamento e delle linee guida, ma cercando di intervenire anche sugli aspetti più concreti della questione." Così in una nota Giuseppe Maria Meloni,
portavoce di Piazza delle Carceri e della Sicurezza
del cittadino.

CARCERI: PIAZZA CARCERI E SICUREZZA, LA RADICALIZZAZIONE SI NUTRE DEL SILENZIO, DELL'ODIO E DELLA DISPERAZIONE
COMUNICATO STAMPA

Roma, 18 giu. 2018 – "Più chiuderemo le carceri nel
loro mondo isolato e silenzioso, più renderemo la
pena capace di sconfortare e di esasperare gli individui, e più potrebbe aumentare in prospettiva il rischio di radicalizzazione. Il proselitismo e l'indottrinamento approfittano del silenzio e dell'isolamento
del mondo delle carceri e approfittano delle situazioni di disperazione e di rancore dei ristretti. Il
proselitismo e l'indottrinamento crescono, nutrendosi proprio di una pena che non solo tende a

generare disperazione, rendendo vulnerabili le persone, ma che tende anche a creare rancore, inducendo a cercare risposte a tale sentimento. Allo stesso tempo, il proselitismo e l'indottrinamento crescono in maniera poco disturbata, nutrendosi proprio dell'isolamento e del grande silenzio che avvolgono il mondo delle carceri. Per rispondere in maniera adeguata al fenomeno della radicalizzazione, oltre ad osservare i comportamenti sospetti dei singoli detenuti, è necessario colpire ciò di cui lo stesso fenomeno si serve per svilupparsi. Senza mettere in discussione la certezza della pena, bisogna, quindi, portare nelle carceri una punizione che tenda alla rieducazione e non a suscitare l'odio e la disperazione. Bisogna portare umanità e speranza nelle carceri, bisogna far splendere nei ristretti i diritti fondamentali dell'uomo, occorre potenziare l'informazione su questo mondo emarginato, occorre facilitare la comunicazione con questo mondo così isolato." Lo dichiara in una nota Giuseppe Maria Meloni, portavoce dell'iniziativa denominata Piazza delle Carceri e della Sicurezza del cittadino, e già responsabile del Movimento Clemenza e Dignità.

GIUSTIZIA: PIAZZA CARCERI E SICUREZZA, CREARE IL NUOVO REATO DI RACCOMANDAZIONE COMUNICATO STAMPA

Roma, 13 lug. 2018 – "Il senso di insicurezza di cui soffre la cittadinanza discende in parte anche da un fenomeno che a prima vista può destare simpatia e risultare normale, ma che in realtà sta inquinando in maniera molto seria tutta la nostra penisola: la raccomandazione." E' quanto afferma in una nota Giuseppe Maria Meloni, portavoce dell'iniziativa denominata Piazza delle Carceri e della Sicurezza del cittadino. "La raccomandazione – continua – è un qualcosa che non interessa solamente il mondo delle università, della sanità, ma è un fenomeno che ormai pervade tutti i settori della società italiana. La raccomandazione non solo uccide la trasparenza, ma soprattutto uccide la meritocrazia, creando evidenti riflessi sul generale andamento e sui risultati del Paese." "La grande insicurezza che discende dal fenomeno della raccomandazione, – spiega – è quella che si ha quando le regole del gioco non sono chiare, è quella che si ha quando le regole del gioco sono truccate." "La grande insicurezza che discende dal fenomeno della raccomandazione, – sostiene – interessa non soltanto la cittadinanza ed in particolar modo i giovani, ma interessa anche le imprese, le imprese italiane, così come le imprese straniere che vorrebbero investire in Italia". "Il fatto che si tratti di un fenomeno sempre esistito, – rileva – non attenua le preoccupazioni nella gente e nel mondo delle imprese, trattandosi, probabilmente, non solo di un fenomeno che oggi come ieri, è in grado di determinare degli importanti successi, ma trattandosi anche di un fenomeno che oggi è addirittura in grado di determinare proprio l'inclusione o l'esclusione netta dal sistema di un qualsiasi soggetto persona fisica o giuridica che al di là dei grandi successi, abbia il desiderio di esprimere perlomeno le sue qualità e capacità." "Non possiamo continuare a fare finta di niente, la raccomandazione – sottolinea Meloni – va combattuta e per combattere questo elemento che soffoca il respiro di tanti diritti, potrebbe essere necessario e utile creare nel nostro ordinamento un apposito reato che colpisca con veemenza questa condotta del raccomandare così come l'ulteriore condotta di aderire alla raccomandazione". "Certamente, – conclude – è vero che il diritto penale non può essere sempre la soluzione di tutti i problemi, ma in questo caso oltre alla necessità di arginare questo fenomeno dilagante, appaiono esservi in gioco talmente tanti interessi pubblici da tutelare, così da giustificare senza ombra di dubbio il ricorso alla sanzione penale".

CARCERI: MELONI (PIAZZA CARCERI E SICUREZZA), FARÒ UN PICCOLO GESTO DI ATTENZIONE VERSO GLI ULTIMI COMUNICATO STAMPA

Roma, 06 ago. 2018 – "Nella giornata di domani 7 agosto, dalle ore otto del mattino alle ore venti della sera, mi asterrò completamente dall'assunzione di cibo e acqua. Non sarà un vero e proprio sciopero della fame e della sete, poiché lo sciopero contiene in sè una polemica, una protesta contro qualcuno o qualcosa che qui non ci sono. Sarà solo un piccolo gesto di attenzione nei riguardi degli ultimi degli ultimi del nostro Paese: i detenuti. In particolare, mediante questo gesto, a cui potranno associarsi tutte le persone di buona volontà, non ci sarà nessun tentativo di mettere minimamente in discussione la certezza della pena, si vorrà solo indurre una riflessione sul fatto che se si è condannati alla privazione di libertà personale, non si è mai condannati anche alla privazione della dignità propria dell'essere umano". Così in una nota Giuseppe Maria Meloni, portavoce di Piazza delle Carceri e della Sicurezza del cittadino.

SICUREZZA E DIRITTI UMANI: MELONI (PIAZZA CARCERI E SICUREZZA), PASSARE DALL'IPERTROFIA DEI DIRITTI ALLA EFFETTIVA PRATICABILITÀ COMUNICATO STAMPA

Roma, 17 set. 2018 – "Non si può continuare ad agire in questo modo. Non si può discutere di sicurezza ignorando la dignità dell'essere umano. Non si può discutere di dignità ignorando le esigenze di sicurezza della cittadinanza. In linea di principio si tratta infatti di diritti entrambi ineliminabili." Lo dichiara in una nota Giuseppe Maria Meloni, portavoce dell'iniziativa denominata Piazza delle Carceri e della Sicurezza del cittadino, che aggiunge: "Il conflitto tra sicurezza e diritti della persona umana, tuttavia, appare oggi così profondo, da meritare un necessario approfondimento. In particolare, viene da chiedersi se la sicurezza e ciò che concerne proprio l'uomo e l'umanità, a parte le dichiarazioni di principio, rappresentino veramente dei diritti tra loro inconciliabili, perché siano divenuti attualmente dei diritti tra loro inconciliabili ed oltretutto viene da chiedersi come renderli, invece, tra loro compatibili". "Sul primo quesito – osserva – vi è da premettere che prendere in considerazione la sicurezza insieme all'umanità, non è una opzione politica ma un dovere giuridico. L'umanità non è solo un sentimento privato, un moto di compassione ma è anche il frutto della vera attuazione di tanti diritti quali i diritti essenziali della persona umana di cui alla nostra Costituzione." "Sempre sul primo quesito – spiega – vi è da dire che è molto difficile che vi sia una vera e propria inconciliabilità tra diritti. Perché vorrebbe dire che il legislatore stia dicendo, sotto il profilo dei concetti essenziali, due cose diametralmente opposte. Ad esempio rubare è un reato e poi rubare è una condotta perfettamente lecita. Sarebbe un legislatore matto e schizofrenico." "Sul secondo quesito – rileva – vi è da dire che il conflitto tra diritti dipende oggi in larga misura dall'ipertrofia dei diritti. Dipende da una crescita eccessiva e spropositata di un diritto, rispetto a come era stato inizialmente concepito e disegnato. Questa crescita eccessiva e spropositata va a disturbare il campo di altri diritti. La crescita eccessiva, in linea generale, non avviene direttamente sul diritto stesso, il quale formalmente rimane così come era stato inizialmente previsto e descritto nella norma, ma avviene attraverso successive produzioni legislative che si innestano sullo stesso diritto. Con l'ipertrofia spesso si crea un conflitto tra diritti così intenso e assoluto, che porta a ragionare secondo la logica del bianco o del nero, che porta sostanzialmente a prendere in esame un diritto escludendone un altro. Se si prendesse in considerazione solo il concetto base, solo il nucleo essenziale di un diritto, questo nucleo essenziale è veramente difficile che possa andare in conflitto con il nucleo essenziale di un altro diritto". "Il problema – secondo Meloni – sorge, invece, ad esempio se si cerca di allargare il concetto di dignità della persona umana fino a dire che i ristretti per una questione di dignità debbano per forza lavorare fuori dal carcere, fino a dire che i ristretti, per una questione di dignità, abbiano diritto di uscire dal carcere prima di aver finito di scontare la loro pena, e allora sì che si crea un vero conflitto con la sicurezza. Così come la dignità se la facciamo crescere oltremodo pretende di far uscire dai penitenziari le persone che devono ancora finire di scontare la loro pena, anche la sicurezza se la facciamo crescere troppo si preoccupa persino del respiro del detenuto in cella, si preoccupa del disperato che fugge dalle guerre e vorrebbe giungere salvo in un altro paese. Un caso esemplificativo di ipertrofia della sicurezza si ha quando si tende a scambiare le grandi disperazioni umane e le estreme povertà per un reato, per una condotta criminale". "Il diritto alla sicurezza – continua – viene interpretato come un limite ai diritti umani e i diritti umani vengono interpretati come un limite al diritto alla sicurezza proprio nel caso in cui si verifichi una ipertrofia perché altrimenti se non vi fosse questa anomalia di crescita eccessiva, si tratterebbe semplicemente di diritti indipendenti e autonomi. Per intenderci, la sicurezza non nasce per essere un correttivo ai diritti umani e i

227

diritti umani non nascono per essere un correttivo alla sicurezza. Si tratta di diritti indipendenti e autonomi". "Tra l'altro, ed a riprova che il discorso del limite è frutto solo di una anomalia, – precisa – va detto che risulta difficile comprendere come un diritto possa essere veramente un limite efficace all'altro diritto, non trattandosi nel caso di specie di diritti che sono l'uno di rango superiore e l'altro di rango inferiore, ma trattandosi, invece, di diritti che in linea di massima trovano tutti collocazione nell'ambito dell'art. 2 Cost.. In particolare, come i diritti umani trovano collocazione nell'art. 2 Cost., anche il diritto alla sicurezza, come diritto ad una esistenza protetta, potrebbe trovare collocazione nell'art. 2 della Costituzione, inteso come fattispecie a carattere aperto, derivandone che i conflitti di cui parliamo sarebbero soprattutto dei conflitti tra diritti situabili sempre all'interno dell'art. 2 della nostra Costituzione repubblicana". "Inoltre, – prosegue – sul terzo quesito e quindi, sulla questione di riuscire a contemperare la sicurezza e i diritti umani, vi è da dire che non bisogna tentare una mediazione, non bisogna fare una media, non bisogna in maniera approssimativa dare un colpo al cerchio e uno alla botte. Bisogna semplicemente ricondurre i due diritti contrapposti al loro nucleo essenziale, nel senso che bisogna guardare ai diritti in questione per come

erano stati inizialmente concepiti e disegnati. Bisogna prendere in considerazione i concetti base, i
nuclei principali di questi due diritti contrapposti,
facendo ricorso, qualora vi fosse una assenza di spec-
ifici ed espliciti riferimenti normativi, anche alle
elaborazioni giurisprudenziali, anche alle Dichiarazioni dei diritti umani, anche alle regolamentazioni
internazionali. Fare una media o dare un colpo al cerchio e uno alla botte, è approssimativo, difficile e
pericoloso, perché nel mentre un diritto può essere
divenuto ipertrofico e l'altro diritto può aver con-
sumato anche il suo nucleo essenziale. Quindi verrebbe fuori una media senz'altro sballata." "In
sostanza, – chiarisce – non si può fare una media,
perché un diritto può essere cresciuto molto oltre il
dovuto e l'altro, invece, a seguito del conflitto, può
aver perso anche il suo nucleo essenziale. Per uscire
dalla logica della sicurezza o dell'umanità, e quindi,
del bianco o del nero, non deve tentarsi di fare un
colore grigio, ma vanno semplicemente ricondotti i
diritti contrapposti al loro nucleo essenziale". "Vi è
ulteriormente da aggiungere – sostiene – che l'ipertrofia dei diritti a cui attualmente stiamo assistendo è
data prevalentemente da scelte politiche. Ad esempio, la politica della destra è vicina al tema della
sicurezza e tende a creare una ipertrofia su questo
diritto e la politica della sinistra è vicina al tema della
dignità, dell'umanità, e ugualmente tende a creare

una ipertrofia su questi temi. Può dirsi che tempo fa
si faceva attività politica delineando e creando i
diritti, mentre oggi che i diritti sono stati già quasi
tutti creati, si fa politica mediante l'ipertrofia". "Il
problema – puntualizza – è che con l'ipertrofia si
creano gravi squilibri anche rispetto a diritti che sono
costituzionalmente previsti. L'ipertrofia crea dei
pericolosi sbilanciamenti, delle pericolose torsioni
del sistema normativo, coinvolgendo oltretutto
norme di rango costituzionale. E' auspicabile che la
politica abbandoni presto l'ipertrofia, perché è
temibile, crea conflitti tra diritti, e il problema non è
tanto il conflitto in sè, quanto il fatto che a seguito
del conflitto risulta esserci un diritto vittorioso ed
uno perdente, con la conseguenza che si verifica poi
il tendenziale annientamento del diritto soc-
combente. Intendendosi per annientamento la circostanza di rendere come lettera morta un diritto che
sia positivamente previsto oppure che sia comunque
implicito nel sistema normativo considerato oppure
che sia previsto solo nell'ambito del diritto naturale".
"E' ulteriormente auspicabile – sottolinea – che dalla
creazione dei diritti, passando per l'ipertrofia dei
diritti, la prossima frontiera della ricerca del consenso politico sia l'effettiva accessibilità e praticabilità dei diritti. Il fatto di rendere i diritti effettivamente
azionabili e praticabili da tutti. Naturalmente una
parte politica si batterà per rendere effettivamente

utilizzabile un diritto a cui tiene in particolar modo, mentre un'altra parte politica a sua volta si batterà per rendere effettivamente utilizzabile un altro tipo di diritto che gli sta particolarmente a cuore".

"Volendo esaminare sotto questo profilo della praticabilità i diritti in argomento, si pensi – dice ancora Meloni – a quanto lavoro deve svolgere la politica per l'effettiva praticabilità della sicurezza da parte degli abitanti delle estreme periferie, da parte degli abitanti dei territori in mano alla criminalità, si pensi a quanto lavoro deve svolgere la politica per l'effettiva praticabilità della dignità umana da parte dei migranti, da parte degli italiani in povertà assoluta".

"L'effettiva praticabilità dei diritti – conclude il portavoce – sarebbe per la politica un campo immenso con tanto lavoro ancora da effettuare, essendo la praticabilità anche strettamente collegata al principio di eguaglianza sostanziale, ovvero a quel principio, a sua volta di non facile realizzazione, che comporta la rimozione degli ostacoli di ordine economico e sociale che, limitando di fatto la libertà e l'eguaglianza dei cittadini, impediscono il pieno sviluppo della persona umana e l'effettiva partecipazione di tutti i lavoratori all'organizzazione politica, economica e sociale del Paese".

MELONI (PIAZZA CARCERI E SICUREZZA): "MAI PIÙ INFANTI IN CELLA, INTERVENIRE SUI CODICI" COMUNICATO STAMPA

Roma, 15 ott. 2018 – "E' inammissibile che dei bambini siano costretti a trascorrere la loro vita, le loro giornate, la loro infanzia, dentro una prigione. Qualcuno spieghi quale particolare colpa abbiano mai avuto, quale tipo di reato abbiano mai commesso questi poveri bimbi. Senza aspettare che si verifichino degli ulteriori tristi episodi, come quello recente di Rebibbia, bisogna cancellare da subito questa grave violazione dei diritti umani che macchia le splendide pagine di civiltà umana e giuridica scritte dal nostro Paese. Per fare questo, per cancellare questa vergogna, è necessario anche intervenire sui codici. In particolare, sarebbe necessario intervenire sul codice penale, sull'aspetto del rinvio obbligatorio dell'esecuzione della pena, e, quindi, sull'attuale previsione che stabilisce il differimento dell'esecuzione di una pena non pecuniaria, quando debba avere luogo nei confronti di madre di infante di età inferiore ad anni uno, al fine di innalzare, a tutela generale dell'infanzia, questo breve limite di età che è stato fissato. Inoltre, vi è da segnalare che mentre per le madri che sono condannate, siamo comunque in presenza di un argine che è eccessivamente breve ma forte, ovvero quel rinvio obbligatorio di cui parlavamo prima, il grande problema sorge, invece, per le madri che sono semplicemente in custodia cautelare. Difatti, il codice di procedura penale, stabilisce per le madri di prole di età non superiore a sei anni, che non possa essere disposta né mantenuta la custodia cautelare in carcere, ma allo stesso tempo utilizza quella formula generica "salvo che sussistano esigenze cautelari di eccezionale rilevanza", che apre le porte a molteplici interpretazioni, che apre un varco, anzi una grande falla nel sistema, falla che poi va ad originare quei casi allucinanti di madri con bimbi di qualche mese dietro le sbarre. Pertanto, sarebbe necessario intervenire anche sul codice di procedura penale al fine di chiudere questa falla, e comunque, sarebbe necessario intervenire sui codici, penale e di procedura penale, per creare una armonizzazione delle situazioni tra madri condannate e madri in custodia cautelare. Così come è previsto nel codice penale, per le madri condannate, un rinvio obbligatorio dell'esecuzione della pena, bisognerebbe stabilire nel codice di procedura penale, il divieto assoluto, o perlomeno il divieto temperato solo dall'eccezione di pochissime e gravissime figure di reato espressamente indicate, di disporre la custodia cautelare in carcere o comunque presso un istituto a custodia attenuata, nei riguardi di quelle donne che siano madri di infante avente proprio quella particolare età, che secondo il codice penale, consentirebbe il rinvio obbligatorio dell'esecuzione della pena". Così in una nota Giuseppe Maria Meloni, portavoce di Piazza delle Carceri e della Sicurezza del cittadino.

CARCERI: MELONI (PIAZZA CARCERI E SICUREZZA), SIAMO VICINI AL RECORD DI SUICIDI
COMUNICATO STAMPA

Roma, 21 nov. 2018 – "Sebbene nel silenzio mediatico più totale, siamo vicini ad un record di suicidi nelle carceri italiane. Tanto si rappresenta non per fare politica, non per cercare notorietà, non per rimproverare qualcuno di qualcosa, ma semplicemente perché ciò possa essere veramente una occasione per aprire una seria riflessione sul mondo della pena. Proprio i suicidi possono essere l'occasione per fermare un treno che sembra impazzito, possono essere l'occasione per uscire dalla logica del bianco o del nero, ovvero da quella particolare logica dominante, che pretende oggi di vedere solo la sicurezza, minimizzando i diritti umani, ma che ha preteso in passato di privilegiare la dignità e i diritti umani, trascurando le esigenze di sicurezza dei cittadini. Tra la dignità del detenuto e la sicurezza dei cittadini, non può esistere la logica del bianco o del nero, si tratta, infatti, di diritti che sono entrambi non sacrificabili. Gli episodi criminali, posti in essere da soggetti che in virtù di politiche clemenziali abbiano avuto modo di uscire anticipatamente dal carcere, sono probabilmente la migliore dimostrazione di come non sia possibile ragionare solo di umanità dimenticando la sicurezza. I suicidi nelle carceri, senza contare poi gli atti di autolesionismo, sono, però, la migliore dimostrazione di come non sia possibile ragionare solo di sicurezza dimenticando l'umanità. I suicidi nelle carceri italiane, questo triste conteggio di morti calcolato nell'anno 2018, siano ora l'occasione per aprire una nuova prospettiva, per aprire delle nuove frontiere per la collettività. I suicidi nelle carceri italiane, siano l'occasione per promuovere una terza via, una terza via tra chi ritiene che i detenuti debbano marcire in galera buttandosi via le chiavi delle celle e chi ritiene, invece, che agli stessi detenuti debba essere condonata la pena. I suicidi nelle carceri siano l'occasione per aprire una terza via, una terza via che non sia semplicemente una via di mezzo, ma che sia, invece, uno spazio importante e nuovo, uno spazio fatto soprattutto di normalità, intesa come corretto funzionamento dei diritti, in cui la sicurezza non domini sui diritti umani ed in cui i diritti umani non dominino sulla sicurezza, ma le esigenze di umanità e di sicurezza della cittadinanza possano coesistere e svilupparsi rimanendo fissate nel loro rispettivo ambito, senza reciproche invasioni di campo. Vista la situazione preoccupante che va registrandosi nei nostri penitenziari, da questa piazza virtuale, desideriamo, quindi, rivolgere, in maniera molto rispettosa, un appello alle persone di buona volontà, alle persone di buon senso di questo Paese, perché nel loro agire politico e pubblico si astengano dal cercare degli agevoli consensi sulla pena, e perché possano, anzi, contribuire a creare proprio quelle condizioni utili per una normalizzazione della situazione, ovvero quelle condizioni che consentano una pacifica e armoniosa coesistenza tra diritti, ed in particolare, tra i diritti umani ed il diritto alla sicurezza, inteso come diritto ad una esistenza protetta." Così in una nota alle agenzie, Giuseppe Maria Meloni, portavoce dell'iniziativa denominata Piazza delle Carceri e della Sicurezza del cittadino.

CARCERI, PIAZZA CARCERI E SICUREZZA:
PER MIGLIORARE SITUAZIONE AGIRE SU
CUSTODIA CAUTELARE
COMUNICATO STAMPA

Roma, 17 dic. 2018 – "La soluzione al problema del sovraffollamento e dei suicidi nelle carceri italiane, per un elementare senso di giustizia, per un minimo

senso di rispetto che si deve anche alle persone offese
dai reati, per un dovere di ascolto del profondo bisogno di sicurezza dei cittadini, e per fare anche un
passo in avanti rispetto ai provvedimenti meramente
dettati delle emergenze che si sono succeduti nel
tempo, non può essere, certamente, un ulteriore e
ciclico provvedimento che improntato ad una manifesta o nascosta logica clemenziale, e caratterizzato
da un'ampia o più ridotta portata, provochi uno
svuotamento dei nostri penitenziari. Allo stesso
tempo, però, sebbene la questione non susciti un particolare interesse nell'opinione pubblica, la
soluzione del problema risulta essere della massima
urgenza; non è tra due anni, ma è in questo momento
che i detenuti si stanno togliendo la vita, è in questo
momento che è a rischio la dignità umana dei ristretti,
e, quindi, la stessa soluzione non può certamente
consistere nella costruzione di nuovi istituti di pena,
benchè questo rimedio, in condizioni in cui non vi sia
una particolare emergenza, rappresenti una opzione
del tutto legittima e meritevole del massimo rispetto.
Anche qualora l'indirizzo politico dovesse stabilire
che la privazione della libertà personale, debba rappresentare il modello di pena, e che, quindi, debbano
ridimensionarsi se non abbandonarsi del tutto le idee
di pena diverse dal carcere, potrebbe, comunque,
pensarsi, al fine di lenire il sovraffollamento dei nostri penitenziari e di migliorare in genere le condizioni

di vita dei detenuti, di agire sulla disciplina della custodia cautelare in carcere, in modo tale da limitare
fortemente il ricorso a tale misura. Al riguardo, vi è
da rammentare che l'Italia è il quinto paese dell'Unione Europea con il più alto tasso di detenuti in custodia cautelare e che nel 2017 i detenuti ancora in attesa di sentenza definitiva erano il 34,4 per cento.
L'intervento sulla disciplina della custodia cautelare,
tra l'altro, risulterebbe essere una iniziativa
pienamente conforme a quel dettato costituzionale
che all'art. 27 recita che l'imputato non è considerato
colpevole sino alla condanna definitiva". Così in una
nota alle agenzie, Giuseppe Maria Meloni, già responsabile dall'anno 2006 all'anno 2014 del Movimento Clemenza e Dignità, e oggi portavoce
dell'iniziativa denominata Piazza delle Carceri e
della Sicurezza del cittadino.

CARCERI, PIAZZA CARCERI E SICUREZZA:
LA PENA NON È UNA VENDETTA.
COMUNICATO STAMPA

Roma, 18 gen. 2019 – "L'anno passato è stato l'anno
dei suicidi nelle carceri italiane, e bisogna stare attenti che continuando in questo modo non si giunga
proprio al suicidio dell'intero sistema di pena." Lo
dichiara in una nota Giuseppe Maria Meloni,

portavoce dell'iniziativa Piazza delle Carceri e della Sicurezza del cittadino, che aggiunge: "Un sistema di pena in cui la privazione di libertà arriva a privare le persone persino della speranza, così da preferire la morte alla vita, è destinato anch'esso a togliersi, prima o poi, la vita da solo." "Qui – prosegue – non si tratta di mettere in discussione la certezza della pena, chi ha sbagliato deve scontare per intero la pena prevista, si tratta semplicemente di impedire che la pena subisca le infiltrazioni della vendetta." "Nella pena, in quel voler buttare via le chiavi, in quel marcire in galera, – osserva – molta gente comune vede come una vendetta, come uno sfogo, ma è poi compito delle persone che rivestono incarichi di responsabilità, non inseguire questi sentimenti privati, non far assomigliare la pena a come soventemente viene disegnata dagli stati emotivi, dalle pulsioni profonde, dai sensi di paura e di insicurezza della popolazione." "L'attuale rischio di suicidio del complessivo sistema di pena, – spiega – è determinato proprio dalla grande confusione che sussiste tra la pena, intesa come sanzione per la violazione di un precetto penale, e la vendetta. Una confusione che a sua volta viene alimentata dalla delicata questione della sicurezza della cittadinanza, specialmente quando la stessa questione viene affrontata nell'ambito mediatico e politico." "A tal riguardo – rileva – ed al fine di allontanare il rischio di questo suicidio,

è più che mai necessario considerare che una pena
priva di trattamenti contrari al senso di umanità, non
è in grado di creare alcun problema di sicurezza per
la cittadinanza. E' più che mai necessario considerare
che mantenere viva la speranza in chi ha sbagliato,
che salvaguardare la dignità e la salute delle persone
ristrette, non sono delle circostanze in grado di creare
un problema di sicurezza per la cittadinanza." "Infine, – conclude Meloni – è più che mai necessario
tenere presente che una pena che tenda alla rieducazione del condannato, non solo non crea alcun problema di sicurezza per la cittadinanza, ma anzi è in
grado addirittura di accrescere in prospettiva la
sicurezza di tutti i cittadini".

SOVRAFFOLLAMENTO CARCERI: "BISOGNA AGIRE SUBITO, PIÙ AVANTI IL PROBLEMA SARÀ TROPPO GRANDE". COMUNICATO STAMPA

Roma, 18 feb. 2019 – "Per evitare che la situazione
delle carceri divenga del tutto ingestibile, per evitare
che l'unica via d'uscita dal problema del sovraffollamento, possa consistere negli abituali
provvedimenti ispirati ad una logica clemenziale, bisogna agire ora, senza rimandare la questione ulteriormente". Lo dichiara in una nota Giuseppe Maria

Meloni, portavoce dell'iniziativa Piazza delle Carceri e della Sicurezza del cittadino, che aggiunge:
"Senza soluzioni in grado di attenuare sin da ora il
problema del sovraffollamento, lo stesso problema
andrà ingigantendosi sempre più, sino a divenire
mostruoso, sino a costringere le prossime maggioranze politiche all'assenza di alternative, e quindi,
all'adozione forzata di soluzioni che sono in aperta
contraddizione con la certezza della pena." "Se si ha
a cuore la certezza della pena, – osserva – non si
possono mettere momentaneamente le carceri sotto il
tappeto, perché queste, certamente, non avranno la
stessa reazione inoffensiva e statica della polvere."
"Se si ha veramente a cuore la certezza della pena, –
sottolinea – bisogna agire subito con delle soluzioni
concrete, proprio per evitare che tra qualche anno
non vi siano delle altre soluzioni rispetto ad un ulteriore "tana libera tutti"." "Spesso, – continua – tra le
varie ipotesi che vengono formulate per attenuare il
sovraffollamento, viene citata quella di rimpatriare i
detenuti stranieri nei loro rispettivi paesi di origine.
Al riguardo, oltre alle difficoltà che sono normalmente insite nella formazione degli accordi bilaterali
deve segnalarsi che in linea generale è comunque
molto difficile che a seguito di un reato commesso in
Italia, della celebrazione di un processo in territorio
italiano, ad opera di magistrati italiani e secondo la
legge italiana, i rispettivi paesi d'origine siano poi

disponibili a riprendersi i propri cittadini, al fine di fare scontare loro la pena". "Forse, – rileva – in un sistema che già di per sé è caratterizzato dall'obbligatorietà dell'azione penale, e specialmente, in questo particolare momento storico fortemente segnato dai processi migratori, sarebbe il caso di mitigare quel concetto per cui chiunque commetta un reato nel territorio dello Stato debba essere punito secondo la legge italiana, conferendo, invece, una maggiore rilevanza alla nazionalità dell'autore del reato, alla legge penale corrispondente alla nazionalità del soggetto attivo di reato". "In sostanza, – spiega – quel concetto per cui chiunque commetta un reato nel territorio dello Stato debba essere punito secondo la legge italiana dovrebbe essere in alcuni casi mitigato con il concetto per cui all'autore di reato debba applicarsi la legge dello Stato cui appartiene". "Questa mitigazione – sostiene – sarebbe utile al fine di giungere al risultato di far processare le persone straniere direttamente nei loro paesi di origine". "E questo risultato – conclude Meloni – sarebbe estremamente importante, perché a sua volta vorrebbe dire far scontare senz'altro la relativa pena nei rispettivi paesi di provenienza".

MINORI, PIAZZA CARCERI E SICUREZZA: VALUTARE L'OPZIONE DELLA CASTRAZIONE CHIMICA PER PEDOFILI. COMUNICATO STAMPA

Roma, 20 mar. 2019 – "Ormai quasi quotidianamente i media diffondono notizie concernenti abusi sessuali su minori. La pedofilia, questo disturbo sessuale che fino a qualche tempo fa poteva sembrare di dimensioni tutto sommato circoscritte, oggi, invece, grazie soprattutto alla capacità di diffusione della pedopornografia on line, va assumendo delle dimensioni tali da determinare una vera e propria emergenza. Probabilmente, alla diversa e più ampia percezione sociale di questo disturbo, ha contribuito anche la nuova tendenza che lentamente si è fatta strada nelle vittime, ovvero la tendenza a non trattenere le sofferenze, la tendenza a liberarsi dalle paure e dalla vergogna, la tendenza a raccontare anche pubblicamente gli abusi subiti. Per contrastare questo mostro che purtroppo abbiamo dinanzi, ci sono a disposizione, sostanzialmente, due vie: la prima è quella strettamente punitiva, la seconda è quella della terapia. La strada punitiva è imprescindibile, trattandosi di condotte che addirittura offendono uno tra i beni più preziosi della nostra società, ovvero i fanciulli, il nostro futuro. Allo stesso tempo, però, il percorrere

243

solo la strada della punizione, non è in grado di risolvere del tutto il problema. Una volta scontata la pena,
quelle pulsioni, quegli istinti fortissimi, potrebbero
nuovamente scagliarsi contro dei minori. Vertiamo
di comportamenti a forte tasso di recidiva, vertiamo
di comportamenti che spesso sfuggono alla normale
capacità di autocontrollo. Serve perciò percorrere en-
trambe le strade, serve sicuramente un percorso di
cura che si affianchi alla punizione e poi continui a
seguire il portatore di questo disturbo anche dopo la
pena. Serve una cura del disturbo sotto il profilo
psichiatrico, e, probabilmente, potrebbe essere utile,
specialmente nei casi accertati di maggiore
pericolosità, una cura orientata a correggere il profilo
ormonale. Riguardo a quest'ultimo aspetto, e quindi,
sull'utilizzo di farmaci a base di ormoni per ridurre
la libido e l'attività sessuale, stante la necessità di
prevenire condotte che provocano traumi a vita sulle
persone, e stante l'esigenza primaria di tutelare dei
bambini, ovvero degli esseri umani indifesi sotto il
profilo fisico, intellettuale e psicologico, va detto che
appaiono essere veramente di scarso rilievo le considerazioni sulle eventuali conseguenze che tali farmaci, potrebbero arrecare ai soggetti pedofili, sotto il
profilo dei diritti umani e dell'integrità fisica". Così
in una nota alle agenzie, Giuseppe Maria Meloni,
portavoce dell'iniziativa Piazza delle Carceri e della
Sicurezza del cittadino.

244

CARCERI, PIAZZA CARCERI E SICUREZZA: PROGETTARE ISTITUTI DI PENA FINALIZZATI ALLA RIEDUCAZIONE. COMUNICATO STAMPA

Roma, 04 apr. 2019 – "A quanto si apprende sembra sussistere l'intenzione di risolvere le problematiche legate al carcere attraverso la costruzione di nuovi penitenziari oppure attraverso l'adeguamento di strutture già sussistenti, ed al riguardo, oltre a segnalarsi che purtroppo l'estrema urgenza della situazione dei penitenziari potrebbe non essere compatibile con i tempi di costruzione o di ristrutturazione, va ulteriormente segnalato che, comunque, non sussiste solo la questione del sovraffollamento, non vertiamo solo di un problema di metri quadrati a disposizione, vi è anche il grande problema di adeguare la pena al dettato costituzionale e quindi alla finalità rieducativa. Non si tratta solo della preoccupazione di aderire in maniera formale al dato costituzionale, dietro c'è un vero e proprio interesse di natura generale, perché una pena che tende alla rieducazione del condannato significa anche maggiore sicurezza per tutti i cittadini. Per questo motivo, in maniera molto rispettosa, e mossi solo dall'intento di contribuire alla realizzazione di un interesse pubblico, proponiamo che nella fase di progettazione delle strutture, venga presa in considerazione l'ipotesi di

245

pensare non solo a delle celle, non solo a degli spazi
afflittivi, non solo a dei corridoi, ma di pensare anche
e soprattutto a degli spazi per poter lavorare, per poter studiare, per poter seguire dei corsi di formazione,
per poter praticare delle attività sportive, per poter
trascorrere dei momenti in compagnia dei propri
cari". Così in una nota alle agenzie, Giuseppe Maria
Meloni, portavoce dell'iniziativa Piazza delle Carceri e della Sicurezza del cittadino.

CARCERI, MELONI (PIAZZA CARCERI E SICUREZZA): OCCORRE LA CERTEZZA DELLA PENA E DEI DIRITTI UMANI COMUNICATO STAMPA

Roma, 03 mag. 2019 – "Le condizioni igienico sanitarie dei penitenziari sono note, poi continuano i suicidi così come i tentativi di suicidio, gli atti di autolesionismo, ma niente, di carceri si parla poco e comunque in maniera non adeguata, probabilmente
perchè si ha anche timore che discutere di diritti
umani possa indebolire la certezza della pena". Lo
dichiara in una nota Giuseppe Maria Meloni,
portavoce dell'iniziativa Piazza delle Carceri e della
Sicurezza del cittadino. "Si pensa – prosegue – che
parlare di certezza della pena in relazione ai diritti
umani possa indebolire la certezza della pena, così

come del resto si pensa che parlare di diritti umani in relazione alla problematica della certezza della pena possa indebolire le argomentazioni dei diritti umani". "Ma non è così, – precisa – anzi, oltre alla certezza della pena occorrerebbe non solo discutere di diritti umani ma introdurre proprio il concetto della certezza dei diritti umani". "In particolare, – spiega – se per certezza della pena deve intendersi il fatto che a seguito di un comportamento illecito vi sia effettivamente una punizione da espiare senza tentennamenti e senza sconti, per certezza dei diritti umani deve intendersi il fatto che sussista un insieme di diritti intimamente legati all'uomo che oltre ad essere formalmente previsti siano effettivamente azionabili e siano effettivamente oggetto di attenzione e di tutela nelle varie sedi, da quella politico-legislativa a quella giurisdizionale". "A tal riguardo, – osserva – va detto innanzitutto che la certezza della pena non viene prima della certezza dei diritti umani. E' la certezza dei diritti umani a venire prima della certezza della pena perché la necessità di punire trova la sua ragion d'essere nella esigenza di tutelare quei beni che sono socialmente rilevanti, tra cui vi rientrano certamente ed innanzitutto i beni essenziali dell'essere umano, la vita, la salute, la dignità". "Dire – aggiunge – che la certezza della pena viene prima della certezza dei diritti umani significa, quindi, privare la pena dello scopo, della finalità. Il diritto penale, infatti, nasce per l'uomo, al fine di difendere l'uomo e il suo lato sociale, la vita in comune". "Se noi guardiamo – rileva – solo alla certezza della pena escludendo la finalità della pena, escludendo, quindi, l'uomo, indeboliamo la stessa certezza della pena, le ragioni per cui la pena deve essere certa. Allo stesso tempo, se noi guardiamo solo alla certezza dei diritti umani escludendo la punizione andiamo ad indebolire la stessa certezza dei diritti umani perché accettiamo che ci possano essere delle violazioni dei diritti umani senza delle adeguate e relative punizioni". "Per rafforzare la certezza della pena e per rafforzare la certezza dei diritti umani bisogna promuovere – conclude – una visione innovativa, ovvero una visione d'insieme che permetta di scorgere la certezza dei diritti umani unitamente alla certezza della pena".

PIAZZA CARCERI E SICUREZZA: CANI E GATTI IN CARCERE PER UNA PENA MENO BESTIALE
COMUNICATO STAMPA

Roma, 03 giu. 2019 – "Avere uno scopo, potersi rendere utile per degli altri esseri viventi, prendersi cura degli animali, dargli da bere, da mangiare, poter accarezzare un cane, un gatto, potrebbe essere vantag-

gioso per lenire la solitudine, lo sconforto del soggetto ristretto oltre a favorire la sua responsabi-
lizzazione e la sua risocializzazione. In un contesto
di pena insopportabile, segnato continuamente da suicidi, da tentativi di suicidio, da atti di autolesionismo, e comunque da grandi disperazioni individuali,
sarebbe importante favorire gli incontri, i "colloqui",
tra i detenuti e i loro rispettivi animali, come se questi
ultimi fossero effettivamente dei membri della famiglia del ristretto, così come sarebbe importante che al
di là del fatto che si tratti dei propri animali domes-
tici, possano prendere vita nelle nostre carceri tante
iniziative atte a favorire in linea generale proprio il
rapporto tra i detenuti e gli animali. In questo modo,
tra l'altro, pensando ad esempio ai servizi di toe-
lettatura per cani, potrebbero anche crearsi delle
nuove occasioni di lavoro per gli stessi detenuti". Lo
afferma in una nota Giuseppe Maria Meloni,
portavoce dell'iniziativa Piazza delle Carceri e della
Sicurezza del cittadino ed esperto di questioni concernenti la pena e la sua esecuzione.

MELONI (PIAZZA CARCERI E SICUREZZA): CARCERI COME UNA NAVE CHE VA DRITTA SUGLI SCOGLI
COMUNICATO STAMPA

Roma, 08 lug. 2019 – "Se servisse a qualcosa, lo rifarei volentieri, ma sono convinto che un gesto di sciopero della fame o di sciopero della fame e persino della sete, non servirebbe a nulla ai fini di una sensibilizzazione sul tema delle carceri. Forse, per far comprendere ai cittadini la situazione dei penitenziari, e cercare di coinvolgerli, sarebbe più utile dipingere un quadro. Ecco proverò proprio a dipingerne uno. Allora, con il blu, in questo momento, sto dipingendo il mare, con il marrone gli scogli, con il bianco una enorme nave che va in direzione delle rocce. Ecco, le carceri italiane potrebbero somigliare a questa enorme nave che sta andando dritta verso gli scogli. Bisogna intervenire subito, ancora poco tempo, ancora pochi metri, e poi non sarà più possibile fare manovre e cambiare rotta. Bisogna intervenire perché quella nave sta viaggiando carica di persone. Bisogna intervenire perché quella nave aveva una precisa rotta da rispettare e, invece, non l'ha rispettata: si tratta della rotta tracciata su una carta di oltre settant'anni fa, si tratta, cioè, della rotta tracciata dall'art. 27 della nostra Carta Costituzionale". Così in una nota alle agenzie, Giuseppe

Maria Meloni, portavoce dell'iniziativa Piazza delle
Carceri e della Sicurezza del cittadino.

MELONI (PIAZZA CARCERI E SICUREZZA):
DEVE TENERSI CONTO CHE VI È VERA
GUERRA CONTRO CRIMINE
COMUNICATO STAMPA

Roma, 08 ago. 2019 – "E' palese che nell'ambito
dell'esecuzione della pena, e, quindi, nei nostri penitenziari, vi sia attualmente ed in maniera assai diffusa, un problema di diritti umani che potrebbe
definirsi grande come una casa. Merita, forse, un approfondimento maggiore, un tema, invece, poco es-
plorato, ovvero il discorso dei diritti della persona
umana, nelle fasi precedenti al fatto veramente processuale, così come potrebbe trattarsi a seguito di un
arresto appena eseguito, e ancora da convalidarsi. Al
riguardo, va detto, che è interesse della cittadinanza
che la lotta tra criminalità e forze dell'ordine non sia
una lotta meramente fittizia, è interesse della cittadinanza che vi sia, anzi, una vera e propria guerra da
parte delle forze dell'ordine alla criminalità. Detto
ciò, va considerato, che gli atti che seguono immediatamente ad uno scontro con la criminalità, devono
poi anche valutarsi con una certa elasticità, devono
cioè valutarsi anche alla luce di questa cruenta guerra

che è in corso contro il crimine. Alla luce di questa guerra, devono ritenersi consentiti molti atteggiamenti che, invece, in situazioni di normalità non lo sarebbero. Del resto, quando a seguito di un inseguimento, di una colluttazione, oppure di uno scontro a fuoco, dei soggetti vengono portati negli uffici per espletare le operazioni previste, è inimmaginabile che a questi delinquenti, poi, gli si dica "prego si accomodi pure, gradisce qualcosa?" Quando a seguito di un inseguimento, di una colluttazione, oppure di uno scontro a fuoco, dei soggetti vengono portati negli uffici per espletare le operazioni previste, dobbiamo solo ed esclusivamente preoccuparci che non si verifichino degli atti che siano veramente lesivi per la vita e la salute degli esseri umani." Così in una nota, Giuseppe Maria Meloni, portavoce dell'iniziativa Piazza delle Carceri e della Sicurezza del cittadino.

PIAZZA CARCERI E SICUREZZA, ECCO IL
NOSTRO SPOT: "LA SICUREZZA È NULLA
SENZA I DIRITTI UMANI"
COMUNICATO STAMPA

Roma, 16 set. 2019 – "Uno spot pubblicitario di successo di diversi anni fa recitava che la potenza è nulla senza il controllo. Ora, riprendendo proprio questo

famoso spot pubblicitario, viene spontaneo dire che
la sicurezza è nulla senza i diritti umani e i diritti
umani sono nulla senza la sicurezza. Puoi avere il
migliore sistema di diritti umani al mondo ma se non
garantisci la sicurezza non riuscirai mai a tutelare
veramente le esigenze fondamentali dell'uomo quali
la vita, la salute e la libertà. Puoi avere il migliore
sistema di sicurezza al mondo ma se non garantisci i
diritti umani, quel nucleo di diritti che sono intimamente connessi alla persona umana, nessun cittadino potrà mai sentirsi veramente sicuro. In occasione della recente formazione di nuove maggioranze parlamentari e di nuove opposizioni, nell'auspicio che possa svilupparsi un diffuso atteggiamento
di adesione al nostro pensiero, rilanciamo, senza
voler assumere minimamente delle posizioni di
natura politica, il messaggio principale della nostra
iniziativa, che è quello di uscire dalla logica della
contrapposizione e dell'antitesi tra la sicurezza e i
diritti dell'uomo, come se si trattasse del bianco o
nero, e di promuovere, quindi, una visione del tutto
diversa e innovativa delle cose, ovvero una visione
che permetta di scorgere le esigenze di sicurezza
della cittadinanza unitamente ai diritti della persona
umana". Così in una nota Giuseppe Maria Meloni,
portavoce dell'iniziativa Piazza delle Carceri e della
Sicurezza del cittadino.

CARCERI, PIAZZA CARCERI E SICUREZZA: UN TELEFONO FISSO IN OGNI CELLA PER UN PASSO AVANTI DI CIVILTÀ COMUNICATO STAMPA

Roma, 21 ott. 2019 – "I sequestri che vengono effettuati, difficilmente, possono essere in grado di sradicare del tutto il traffico illegale di telefonini nelle carceri italiane. L'utilizzo dei telefoni cellulari all'interno delle nostre carceri costituisce ormai un fenomeno dilagante ed oltretutto veramente preoccupante, perché consente spesso di continuare ad impartire degli ordini all'esterno, consente spesso di organizzare delle ulteriori azioni criminali. Allo stesso tempo, deve significarsi che con la condanna alla privazione di libertà personale, si va a privare il condannato della libertà di muoversi nello spazio, non si va a privare il condannato pure delle sue elementari facoltà di comunicazione, della parola e dell'ascolto. La condanna alla reclusione, così come la condanna all'arresto, non sono delle condanne a divenire muti e sordi. Inoltre, va detto che la possibilità di telefonare ai familiari, agli amici più stretti, risulta essere essenziale nell'ottica della salute psichica del detenuto, nell'ottica della prevenzione dei suicidi e degli atti di autolesionismo. La possibilità di telefonare ai familiari ed amici, risulta essere, poi, di grande importanza al fine di diminuire sensibilmente le tensioni nelle carceri. Infine, la stessa possibilità di telefonare a parenti ed amici, risulta essere di vitale importanza anche nell'ottica di una pena che sia tutta tesa al reinserimento sociale del condannato. Pertanto, ora, proponiamo di fare una piccola rivoluzione, proponiamo di fare un piccolo passo avanti di civiltà, proponiamo al Ministero della Giustizia, al Dipartimento e agli uffici competenti, che vengano installati nelle celle delle carceri italiane, dei telefoni fissi per uscire dall'illegalità dei telefoni cellulari, per fermare il traffico di telefoni cellulari. Proponiamo che nelle celle vengano installati dei telefoni fissi per consentire ai ristretti di comunicare legalmente con parenti e amici. Certamente, così come nella recente esperienza avviata nelle carceri francesi, dovranno essere previste delle forti limitazioni, ad esempio dovrà essere stabilito un numero massimo di recapiti che ogni detenuto potrà indicare, gli stessi recapiti dovranno essere preventivamente autorizzati ed i soggetti con cui lo stesso detenuto entrerà in comunicazione dovranno essere identificati dalle autorità". Così in una nota Giuseppe Maria Meloni, portavoce dell'iniziativa Piazza delle Carceri e della Sicurezza del cittadino.

CARCERI: UNA RIFLESSIONE SU GESÙ, IN PROSSIMITÀ DEL NATALE
COMUNICATO STAMPA

Roma, 02 dic. 2019 – "In prossimità del Natale, desideriamo proporre una riflessione collettiva sul mondo della giustizia e delle carceri, attraverso una analisi in chiave non religiosa ma prettamente storica e fattuale della figura di Gesù. In particolare, vogliamo mettere in evidenza la circostanza che Gesù ha potuto conoscere l'arresto, l'interrogatorio, il fatto processuale, la condanna, e la pena, come potrebbe trattarsi di un qualsiasi altro soggetto che attualmente abbia occasione di entrare all'interno del circuito del penale. Allo stesso modo, vogliamo anche mettere in evidenza un fatto nuovo, poco approfondito, ovvero il fatto che Gesù è da considerarsi una vittima di reati, nel suo senso ampio, ovvero sia quale persona offesa direttamente dal reato, sia come persona, comunque, danneggiata dal reato. In primo luogo, per quanto concerne l'arresto di Gesù, va detto che i sacerdoti e il Sinedrio, iniziarono a cercare testimoni dopo che Gesù era stato arrestato (Matteo 26:59). In pratica quando Gesù subì l'arresto, non era stata avanzata alcuna accusa contro di lui. L'arresto di Gesù, quindi, in chiave contemporanea, potrebbe rientrare nella fattispecie dell'arresto illegale di cui all'art. 606 del codice penale. Inoltre, le false accuse, la ricerca di false testimonianze, il processo profondamente viziato, inducono a supporre che Gesù sia stato anche vittima di quelli che attualmente vengono definiti all'interno del nostro codice penale, nel titolo III del libro II, come delitti contro l'Amministrazione della Giustizia. In aggiunta, in merito all'atteggiamento di Pilato, sebbene non sia prevista nel nostro ordinamento una specifica disciplina sulla responsabilità penale dei magistrati, potrebbe, comunque, intravedersi l'ipotesi dell'omicidio con un elemento psicologico che sembrerebbe di dolo eventuale, ovvero quel dolo in cui l'evento illecito non rappresenta lo scopo che viene perseguito dall'autore dell'azione o dell'omissione, ma lo stesso evento viene, comunque, preveduto come possibile conseguenza della condotta posta in essere. Sempre per quanto concerne l'atteggiamento di Pilato, potrebbe intravedersi l'ipotesi di cui all'art. 323 del codice penale, ovvero l'ipotesi di un abuso di ufficio ai danni di Gesù, chiamato Cristo. Per completezza, va precisato, tuttavia, che tale ultima figura di reato, prevede una forma di dolo particolarmente intensa, in cui l'autore del reato ha come obiettivo proprio la realizzazione dell'evento, ovvero il dolo intenzionale, e, quindi, va detto che una immaginaria difesa di Pilato, potrebbe oggi, invece, sostenere che lo stesso Pilato non ebbe delle particolari intenzioni nella vicenda, ma si limitò semplicemente a lavarsi

le mani della sorte di Gesù. Oltre a ciò, va detto che
lo schiaffo subito da Gesù durante l'interrogatorio
del Sinedrio (Giovanni 18: 22-23), integrerebbe il
reato di percosse di cui all'art. 581 del codice penale.
Allo stesso tempo, i pugni, la flagellazione subita, in-
tegrerebbero il reato di lesione personale di cui
all'art. 582 del codice penale, nelle sue forme aggra-
vate. Infine, tutte le acute sofferenze fisiche patite da
Gesù, quale risultato di azioni estremamente crudeli
come quella corona di spine posta sul capo e quella
spugna imbevuta di aceto accostata alla bocca, inducono a supporre che Egli sia stato anche vittima
dell'attuale reato di tortura, di cui all'art. 613 bis del
codice penale. Attraverso questa riflessione, non
vogliamo giungere a nessun tipo di conclusione,
ognuno trarrà le conclusioni proprie. Sussiste, tuttavia, una precisa finalità sottesa a tale riflessione, ed è
quella di aiutare le persone ad uscire dai
ragionamenti rozzi, elementari ed impermeabili alle
altrui opinioni, che frequentemente vengono divul-
gati attraverso i media. La finalità, quindi, è quella di
aiutare le persone ad uscire da quei ragionamenti per
cui spesso si dice "io sto sempre e comunque dalla
parte delle vittime di reato, butterei la chiave della
cella", oppure per cui spesso si dice "io sto sempre e
comunque dalla parte degli ultimi, dei poveri, degli
immigrati, dei carcerati". Proponiamo tale riflessione
di un Gesù arrestato, processato e condannato e allo

stesso tempo di un Gesù vittima di reati, perché sia un esercizio a guardare le cose nella loro complessità". Lo afferma in una nota Giuseppe Maria Meloni, portavoce dell'iniziativa Piazza delle Carceri e della Sicurezza del cittadino ed esperto di questioni concernenti la pena e la sua esecuzione.

CARCERI: SERVE UN IMPEGNO POLITICO TRASVERSALE FONDATO SULLA COSTITUZIONE
COMUNICATO STAMPA

Roma, 24 gen. 2020 – "I problemi delle carceri sono così tanti, sono così gravi, e sono, poi, così distanti dai problemi quotidiani e reali dell'elettorato che è veramente difficile che una forza politica possa pensare di farsene carico da sola al fine di risolverli. Le carceri, tuttavia, riguardano pur sempre la nostra giustizia, l'esecuzione della pena, ed è, quindi, allo stesso tempo, impensabile che esse possano essere messe completamente da parte. Probabilmente, il modo migliore per affrontare le tante criticità che affliggono il mondo dei penitenziari, è quello di un impegno comune, politicamente trasversale. La nostra iniziativa è nata per appianare le divergenze, è nata perché possa discutersi della sicurezza dei cit-

259

tadini senza escludere i diritti e la dignità delle persone ristrette, è nata per promuovere un grande bilanciamento e contemperamento di interessi e di diritti, ma siamo consapevoli che c'è ancora molto lavoro da fare, siamo consapevoli che sulle carceri spesso possono registrarsi delle posizioni politiche diametralmente opposte. Per promuovere un impegno comune su una materia che, a seconda delle appartenenze politiche va registrando delle opinioni tra loro assai distanti, è necessario approfondire soprattutto ciò che unisce, è necessario approfondire gli argomenti su cui esiste una intesa. Al riguardo, un argomento su cui tutti, in linea generale, potrebbero trovarsi d'accordo è quello per cui le pene debbano tendere alla rieducazione del condannato, così come recita il nostro art. 27 della Costituzione. E' perciò auspicabile che in questo 2020 da poco iniziato, possa registrarsi un cambio di passo, non più uno scontro tra chi vorrebbe buttare via la chiave e chi non vorrebbe buttarla via, ma un impegno politico trasversale fondato sulla Costituzione della Repubblica. In particolare, è auspicabile che in ambito parlamentare si verifichi in questo 2020 da poco iniziato, una grande fioritura di progetti che privilegiando lo studio, la formazione, il lavoro, o comunque delle nuove concezioni di carcere e di pena, siano intesi a dare concreta esecuzione al nostro dettato costituzionale". Lo dichiara in una nota Giuseppe Maria

Meloni, portavoce dell'iniziativa Piazza delle Carceri e della Sicurezza del cittadino.

CARCERI: IL CORONAVIRUS SAREBBE COME UNA BOMBA.
COMUNICATO STAMPA

Roma, 27 feb. 2020 – "Prestare la massima attenzione e prendere tutte le cautele in merito al possibile
contagio da coronavirus nelle carceri. In via pre-
cauzionale sospendere i colloqui, bloccare i contatti
con l'esterno. E' in gioco la salute dei poliziotti penitenziari e dei detenuti. In una situazione già drammatica sotto il profilo del sovraffollamento e sotto il
profilo igienico sanitario, l'eventuale diffusione del
coronavirus nelle carceri, sarebbe come una bomba,
renderebbe la situazione del tutto ingestibile". Così
in una nota Giuseppe Maria Meloni, portavoce di Piazza delle Carceri e della Sicurezza del cittadino.

CARCERI: SOLUZIONE A RIVOLTE NON È SVUOTARE LE CELLE MA RENDERE CARCERE PIÙ UMANO E RIEDUCATIVO
COMUNICATO STAMPA

Roma, 16 mar. 2020 – "Le rivolte nelle carceri, gli

atti di violenza e di danneggiamento, vanno fermamente condannati. Il sovraffollamento, le carenze
igienico sanitarie, e le preoccupazioni per il coronavirus, non costituiscono una valida giustificazione
alle condotte altamente criminali poste in essere nei
giorni scorsi. Allo stesso tempo, va detto che la lib-
erazione dei detenuti, ulteriori provvedimenti improntati ad una manifesta o nascosta logica clemenziale, non sono e non possono essere la soluzione del
problema. Io stesso, in passato, quale presidente
dell'Associazione Clemenza e Dignità, mi sono
molto battuto per l'indulto e per l'amnistia. Ma è evidente che non si può proseguire a gestire il problema
delle carceri in maniera solamente emergenziale. E'
evidente che nel Paese c'è anche un profondo bisogno di legalità da rispettare, è evidente che ci sono
anche le persone offese dai reati, ed è evidente che
c'è anche una grande questione di sicurezza della cittadinanza. La soluzione alle rivolte nelle carceri, non
è svuotare le celle, ma rendere il carcere più umano,
rendere il carcere un polo di istruzione, di formazione, di sport e di lavoro, capace di realizzare effettivamente la finalità rieducativa della pena di cui
all'art. 27 della Costituzione." Così in una nota
Giuseppe Maria Meloni, portavoce di Piazza delle
Carceri e della Sicurezza del cittadino.

CARCERI: SERVE MATURITÀ, BASTA OSCILLARE TRA MODI DA SCERIFFO E ECCESSI DI BONTÀ
COMUNICATO STAMPA

Roma, 30 mar. 2020 – "Sulle carceri, non è una situazione di oggi, ma è una situazione storica, quella per cui vi è un continuo oscillare tra atteggiamenti di estremo rigore, in cui sembra che dalle carceri non debba uscire proprio nessuno, nemmeno l'aria, e poi, dopo pochi anni, al manifestarsi di pesanti criticità, atteggiamenti, invece, improntati a pietà straordinaria, che provocano l'uscita dai penitenziari di moltissime persone. Questo attuale, è il momento della criticità e dovrebbe essere, quindi, il momento della pietà. Riguardo proprio a questo momento attuale di criticità, non buttiamolo al vento, per elaborare le consuete soluzioni emergenziali che a lungo andare vanno minando la credibilità della nostra giustizia. Sfruttiamolo, per fare, invece, qualcosa di diverso, per fare un passo avanti, per elaborare qualcosa di equilibrato e di serio. Anziché risolvere il problema svuotando le celle, come se si trattasse di vasche da liberare dell'acqua sporca, facciamo il contrario, proviamo a riempirle: a riempierle di umanità. Sfruttiamo questo momento, non per svuotare le celle, ma per renderle più umane, sfruttiamo questo momento

per fare del carcere un centro di istruzione, di formazione, di sport e di lavoro, capace di realizzare effettivamente la finalità rieducativa della pena. Per
quanto concerne le attività dei detenuti, ad esempio,
avviamo dei percorsi comuni a tutti i penitenziari
della penisola, veramente accessibili a tutti i ristretti,
che consentano agli stessi di scegliere autonomamente di cosa desiderino occuparsi durante il periodo
della loro detenzione. Potrebbe trattarsi di approfondire l'istruzione, così come potrebbe trattarsi
di svolgere delle attività lavorative manuali o intellettuali. Per quanto concerne il fatto di rendere più
umane le celle, ad esempio, in segno di cura e di attenzione nei riguardi dei ristretti, facciamo in modo
che le celle e gli ambienti penitenziari si presentino
perlomeno in condizioni di adeguata pulizia, facciamo in modo che i letti dei detenuti siano in buone
condizioni. Facciamo in modo che il riscaldamento e
l'acqua calda non manchino mai, facciamo in modo
che ci sia sempre una pronta assistenza sanitaria. Ancora a titolo meramente esemplificativo, a prescindere dall'odierna emergenza coronavirus, e
quindi anche quando i colloqui saranno di nuovo
consentiti, rendiamo permanente, con le dovute pre-
cauzioni, la possibilità di avvicinare i detenuti ai propri familiari attraverso telefoni ed altre nuove tecnologie. Sempre a titolo meramente esemplificativo, in
prospettiva, consentiamo e favoriamo il più possibile

gli incontri, i "colloqui", anche tra i detenuti e i loro rispettivi animali." Lo afferma in una nota Giuseppe Maria Meloni, portavoce di Piazza delle Carceri e della Sicurezza del cittadino.

CARCERI: ERRATO CONSIDERARLE UN MONDO A PARTE, HANNO MISSIONE SIMILE AGLI OSPEDALI
COMUNICATO STAMPA

Roma, 17 apr. 2020 – "E' facile risolvere il problema svuotando le celle. Il problema è che così lo stesso problema non si risolve mai. Ci rivediamo tra pochi anni, e nuovamente, si aprirà la discussione sullo stesso problema, sulla stessa emergenza. Va detto che una causa importante di questa persistente condizione critica, è data dal fatto che di carceri si parla molto, solo nel momento in cui non c'è più nulla da fare, solo nel momento in cui la situazione è disperata ed è fuori controllo. Una costante informazione sul mondo delle carceri, al contrario, permetterebbe di evitare che si formino delle situazioni così gravi e così mostruose. Immaginate cosa potrebbe succedere negli ospedali, nei tribunali, nelle nostre pubbliche amministrazioni, nella politica, se non si sapesse nulla, proprio nulla, di ciò che succede quotidianamente all'interno di quegli ambienti. In sostanza, una

265

rilevante causa di questo costante dramma delle carceri, è data dal fatto che le stesse carceri, sono considerate e trattate come un mondo separato e a parte. Per il futuro, quindi, cominciamo da subito a mutare il punto di vista, la prospettiva. Cominciamo a puntare una luce su questo settore buio e impenetrabile. Aumentando la possibilità di contatti con l'esterno, cominciamo ad avvicinare le carceri al mondo, e spingiamoci al punto di considerarle come una parte di questo stesso mondo. Ciò permetterà di avere uno stabile monitoraggio delle situazioni, ciò consentirà di intervenire in tempo, ciò permetterà, in sostanza, di tenere più facilmente la situazione sotto controllo. Per avvicinare le carceri al mondo, iniziamo a pensare di esse, come se fossero niente più che una delle tante strutture che uno Stato è tenuto a creare per i suoi cittadini. Iniziamo a pensare delle carceri, come se fossero, ad esempio, delle strutture di cura, come se fossero degli ospedali. Del resto, la missione delle carceri, in virtù del dettato costituzionale, deve essere quella di rieducare i condannati, ed allora è evidente che c'è una profonda necessità di curare, è evidente che c'è una profonda necessità di guarire questi soggetti, proprio come se si trattasse degli ammalati. Questa somiglianza tra carceri e ospedali, magari ci consentirà pure di riflettere sull'opportunità di seguitare a "dimettere" le persone dal carcere, prima che queste persone abbiano terminato le

cure stabilite e senza che queste persone, presumib-
ilmente, siano realmente guarite". Così in una nota
Giuseppe Maria Meloni, portavoce di Piazza delle
Carceri e della Sicurezza del cittadino.

SICUREZZA: PER I REATI È SOLO LA QUIETE
PRIMA DELLA TEMPESTA
COMUNICATO STAMPA

Roma, 02 mag. 2020 – "Con l'emergenza coronavirus, abbiamo assistito e stiamo assistendo ad un
vero e proprio crollo dei reati. Questa situazione di
quiete, tuttavia, non può lasciarci molto tranquilli,
perché potrebbe essere solo una quiete prima della
tempesta. A causa di questa pandemia, a parte il mo-
mentaneo impoverimento dovuto all'impossibilità di
svolgere delle attività lavorative, è molto probabile
che si verifichi proprio un ampliamento importante
delle sacche di povertà presenti nel Paese. E' assai
probabile che molte imprese, molti esercizi commer-
ciali, molte attività, ridimensionino il numero del
personale, o addirittura non riaprano più. In aggiunta,
è assai probabile che quei milioni di persone che
sono invisibili, perché svolgono delle attività in nero,
riscontrino delle maggiori difficoltà a poter trovare
dei lavori da svolgere. Dinanzi a questa situazione, a
parte il rischio di una rilevante penetrazione della

criminalità nelle attività imprenditoriali, potrebbero
verificarsi delle ulteriori circostanze, quali ad esempio, una maggiore tendenza a prestarsi ad attività di
spaccio delle sostanze stupefacenti, ed altre attività
che consentano dei guadagni facili, e, poi, una es-
plosione, un boom di reati contro il patrimonio, quali
furti, rapine, estorsioni, truffe, usura, invasioni di ter-
reni o edifici. E' necessario quindi, non farsi trovare
impreparati, e svolgere da subito una attività di prevenzione dei reati. Nel caso di specie, va detto che
per svolgere una efficace attività di prevenzione, non
sarà sufficiente la presenza costante delle forze
dell'ordine sul territorio o magari l'installazione
delle telecamere. Nel caso di specie, la migliore attività di prevenzione sarà fatta, se a nessuno
mancherà da mangiare e da bere, se a nessuno sarà
tolta la possibilità di condurre una esistenza perlomeno dignitosa". Così in una nota Giuseppe Maria
Meloni, portavoce di Piazza delle Carceri e della
Sicurezza del cittadino.

BOSS SCARCERATI: IL DIRITTO ALLA SICUREZZA DEI CITTADINI È MENO RILEVANTE DEL DIRITTO ALLA SALUTE DEI DETENUTI?
COMUNICATO STAMPA

Roma, 28 mag. 2020 – "Sulle scarcerazioni dei boss, è doveroso affermare preliminarmente, che anche i mafiosi, anche gli appartenenti alla camorra, alla 'ndrangheta, ed altre organizzazioni criminali, posseggono dei diritti. Sono dei diritti fondamentali, i diritti fondamentali dell'uomo, che lo Stato è tenuto a riconoscere e a garantire a tutti gli esseri umani, compresi quei soggetti che si siano resi responsabili di gravi reati. Inoltre, il riconoscimento di questi diritti fondamentali, tra cui ad esempio il diritto alla vita e alla salute, non implica in linea teorica, alcuna conseguenza negativa nei riguardi del diritto alla sicurezza della cittadinanza. Se un detenuto viene trattato con umanità, se non viene privato della sua dignità, la sicurezza dei cittadini non subisce alcun tipo di riduzione. Se un detenuto non è in buone condizioni di salute, e viene adeguatamente curato oppure, semplicemente, viene adeguatamente preservato da ulteriori complicazioni, la sicurezza dei cittadini non subisce alcun tipo di diminuzione. Tra i diritti fondamentali del detenuto e il diritto alla sicurezza dei cittadini, quindi, sulla carta, non vi è alcun tipo di incompatibilità che possa generare delle

conflittualità, né comunque può dirsi che il diritto
alla sicurezza dei cittadini sia meno rilevante rispetto
ai diritti dei detenuti, poiché come i diritti umani trovano collocazione nell'art. 2 Cost., anche il diritto
alla sicurezza, inteso come diritto ad una esistenza
protetta, potrebbe trovare collocazione sempre nello
stesso art. 2 della Costituzione. Una eventuale situazione di conflittualità, con conseguente vittoria di un
diritto sull'altro, potrebbe essere semmai generata da
quelle che sono, poi, le concrete modalità di attuazione dei diritti in gioco. Ad esempio se per garantire
il diritto alla salute dei detenuti, non si trova altro
modo che mandare i delinquenti e persino i grandi
boss, direttamente nelle loro rispettive abitazioni, a
"patire" sul divano di casa, è naturale che sorga un
conflitto enorme con il diritto alla sicurezza dei cittadini, specialmente per quei casi in cui vi siano ancora dei collegamenti stretti e attuali tra il detenuto e
il mondo della criminalità". Lo afferma in una nota
Giuseppe Maria Meloni, portavoce di Piazza delle
Carceri e della Sicurezza del cittadino.

GIUSEPPE MARIA MELONI - INTERVENTO SULL'ART. 27 COST. - VIDEO SU FACEBOOK DEL 17-06-2020 - TESTO

Amici buongiorno, come state? Spero veramente tutto bene.

Oggi il motivo del mio intervento è che desideravo parlarvi dell'art. 27 della nostra Costituzione, desideravo svolgere un breve approfondimento, e al riguardo, leggiamolo insieme questo articolo 27.

Ci dice, la responsabilità penale è personale.

Poi, l'imputato non è considerato colpevole sino alla condanna definitiva.

E poi, al terzo comma, le pene non possono consistere in trattamenti contrari al senso di umanità e devono tendere alla rieducazione del condannato.

E infine, non è ammessa la pena di morte.

Ecco io volevo soffermarmi in particolare proprio sul terzo comma di questo art. 27, ovvero sulla finalità rieducativa della pena, per dire che oggi come oggi, dove è questa rieducazione del condannato, sostanzialmente non c'è. La finalità rieducativa può dirsi che sia rimasta lettera morta.

La finalità rieducativa della pena implica appunto una rieducazione, un cambiamento, una rinascita della persona, quasi una nuova vita, e invece qui abbiamo carceri in cui si preferisce la morte alla vita, carceri in cui c'è la triste piaga dei suicidi, e al riguardo, siamo già giunti al 22° suicidio dall'inizio dell'anno.

Vedete, la gente pensa che quella frase inserita in Costituzione, "le pene devono tendere alla rieducazione del condannato" sia sostanzialmente un qualcosa di irrealizzabile, sia più che altro una formula quasi di stile, che si tratti di mera teoria, eppure coloro che hanno concepito questa Costituzione non erano dei matti e nemmeno dei poeti, erano gente di grande spessore, con una visione concreta dello Stato e della Repubblica.

Contrariamente, quindi, a chi pensa che il carcere sia solo una discarica sociale senza alcuna possibilità di riscatto, io sono convinto che invece si possa fare, sono convinto che si possa dare concreta attuazione alla finalità rieducativa della pena, che effettivamente si possa verificare una conversione di vita.

Vedete, come esistono, perchè esistono, le conversioni religiose, esistono anche le conversioni di vita. Si può cambiare. Da una vita delinquenziale si può passare tranquillamente ad una esistenza da cittadino

272

onesto.

Questo cambiamento tuttavia come è logico non avviene così spontaneamente, naturalmente, questo cambiamento va provocato, va indotto, va facilitato. Se noi ad esempio lasciamo un detenuto oziare per tutta la giornata, se noi gli facciamo soltanto guardare il soffitto dalla cella mentre magari è steso sul letto, se noi gli facciamo soltanto guardare la televisione o magari se lo facciamo soltanto giocare a carte, quale cambiamento potrà mai sorgere in lui? Di qui l'importanza che il carcere divenga qualcosa di completamente diverso rispetto a quello che è oggi. Attualmente ad esempio il lavoro nelle carceri è visto al più come una concessione che si fa al detenuto. Ecco noi dobbiamo passare da questa attuale visione a quella, invece, di fare del carcere un grande centro di formazione, di istruzione, e di lavoro. La formazione, il lavoro, dovrebbero divenire tendenzialmente obbligatori. Ogni detenuto appena entrato in carcere dovrebbe avere la possibilità di scegliere di cosa desideri occuparsi durante il periodo della sua detenzione. Magari, c'è chi deciderà di studiare, chi deciderà di imparare un lavoro, chi deciderà di lavorare direttamente.

Quindi, per realizzare la finalità rieducativa della pena, per ottenere queste vere e proprie conversioni

di vita, serve quindi, io direi.., un carcere nuovo. Intendendosi per carcere nuovo, non soltanto delle
strutture meno fatiscenti, ma proprio una diversa
concezione del carcere, ovvero non soltanto struttura
di pena ma anche grande centro di istruzione, formazione e lavoro.

Ora voi direte, sì d'accordo, ma con tutti i problemi
che ci sono in Italia in questo momento, ma chi ce lo
fa fare di andare adesso a pensare ai detenuti. C'è
l'economia in ginocchio, e noi andiamo a pensare a
convertire i delinquenti?

Riguardo a questa riflessione, che già adesso qualcuno starà facendo, io rispondo che sebbene non sia
esplicitato nella nostra Costituzione, sussiste tuttavia
un principio che è il principio di fraternità. Ora in
base a quel principio se un cittadino da una esistenza
disgraziata muta direzione per vivere poi una
esistenza migliore, dignitosa e rispettosa delle regole
della società civile, io non posso che essere felice, io
non posso che gioire per lui e per la sua famiglia.

Riguardo sempre a quella riflessione per cui con tutti
i problemi che ci sono in Italia, non è il caso di occuparsi adesso della rieducazione dei detenuti, io poi
rispondo con una ulteriore argomentazione, ovvero
con l'importantissimo aspetto della sicurezza dei cittadini.

E dico, ma lo vogliamo capire che la rieducazione del condannato, il cambiamento di vita del condannato, significa maggior sicurezza per tutti. La rieducazione del condannato è il mezzo più importante per garantire la sicurezza dei cittadini. I dati dicono che ci sono tassi di recidiva altissimi, ovvero sono sempre gli stessi quelli che commettono i reati. Vedete, se noi non interveniamo minimamente su queste persone è come se ci fossero sempre in giro delle bombe pronte in qualsiasi momento ad esplodere. Noi possiamo mettere tutte le telecamere che vogliamo, possiamo far volare migliaia e migliaia di droni, possiamo schierare per le strade e per le piazze tutte le forze dell'ordine che vogliamo, possiamo schierare persino l'esercito, ma se uno è uscito dalla galera e non ha ricevuto un minimo di formazione, se uno è uscito dalla galera e non è stato messo in grado di imparare un mestiere, un lavoro, quella persona tornerà sempre e comunque a delinquere per il semplice motivo che ha fame, per il semplice motivo che deve trovare il modo con cui riuscire a vivere.

La delinquenza nella grande maggioranza dei casi è una scelta lucida e consapevole di vita, una scelta forzata, per mancanza di alternative. I delinquenti che si ritrovano ad essere tali in virtù di determinate caratteristiche psicologiche, in realtà, sono una minoranza.

Ecco noi appunto dobbiamo agire proprio su questi meccanismi, dobbiamo fare in modo che chi esce dal carcere sia messo veramente e materialmente nelle condizioni di poter scegliere una vita diversa, di poter scegliere di condurre una nuova vita, questa volta, rispettosa delle regole.

Questo credetemi è il più grande investimento sulla sicurezza che possiamo fare.

Bene, io vi ringrazio molto per l'attenzione e mi auguro che questo mio breve intervento possa aiutarvi a riflettere sul difficile argomento delle carceri.

Arrivederci

MELONI (PIAZZA CARCERI E SICUREZZA):
ISTITUIRE LA FIGURA DEL GARANTE
DELLA RIEDUCAZIONE DEL CONDANNATO
COMUNICATO STAMPA

Roma, 02 sett. 2020 – "Le carceri sono un mondo dove convivono le giuste azioni sindacali a favore del delicato lavoro degli operatori penitenziari e le giuste azioni di protezione e di tutela dei soggetti detenuti. Ora, sebbene tutti i soggetti coinvolti a vario titolo nel mondo delle carceri siano già tenuti di per sé a muoversi in conformità dei principi costituzionali e delle normative in genere, manca, tuttavia, un soggetto veramente neutrale, manca una figura terza che si occupi solo ed esclusivamente dell'attuazione dell'art. 27 della Costituzione ed in particolare dell'attuazione dell'aspetto relativo alla rieducazione del condannato. Sarebbe necessario istituire la figura del Garante della rieducazione del condannato, con il compito specifico di promuovere e stabilire anche d'intesa con altri organi e strutture, percorsi di istruzione, di formazione e di lavoro, nonché ove necessario percorsi di riabilitazione psicologica e psichiatrica, finalizzati al positivo reinserimento sociale del detenuto. Ciò che potrebbe apparire a prima vista come una mera provocazione, potrebbe costituire invece un grande stimolo per concretizzare finalmente un aspetto della nostra Costituzione rimasto completamente inattuato e dimenticato". Così in una nota Giuseppe Maria Meloni, portavoce di Piazza delle Carceri e della Sicurezza del cittadino.

REFERENDUM, MELONI (PIAZZA CARCERI E SICUREZZA) PER IL NO: "VERO PROBLEMA È L'ATTUAZIONE DELLA COSTITUZIONE" COMUNICATO STAMPA

Roma, 18 sett. 2020 – "Voterò no al referendum di

domenica, perché ritengo che il problema non sia riformare la Costituzione, ritengo che il problema, la
vera difficoltà sia, invece, dargli concreta attuazione.
La difficoltà è trasformare la Costituzione da un
pezzo di carta ad un qualcosa che vive, ad un
qualcosa che batte. L'ansia riformatrice che si respira
attorno alla Costituzione non è dovuta al fatto che
essa concretamente attuata si sia mostrata inadeguata
a governare la realtà, l'ansia riformatrice che si
respira attorno alla Costituzione è dovuta al fatto che
tralasciato nel tempo ogni discorso di concreta attuazione, si vuole molto più facilmente adeguare la Costituzione direttamente alla realtà delle cose". Così in
una nota Giuseppe Maria Meloni, portavoce di Piazza delle Carceri e della Sicurezza del cittadino.

CARCERI: ALLARME COVID NON PRODUCA ULTERIORI PENE
COMUNICATO STAMPA

Roma, 09 ott. 2020 – "Nelle carceri occorre vigilare
sulla diffusione del covid, ma occorre anche vigilare
che l'allarme covid non produca delle ulteriori pene.
E' necessario tenere sempre presente che l'obiettivo
costituzionale della pena non è quello di punire al
solo fine di punire, ma di punire per rieducare. In

quest'ottica, ovvero nell'ottica di un positivo reinserimento sociale del condannato, bisogna stare attenti
a stabilire, nel protrarsi della pandemia, delle ecces-
sive limitazioni di contatti tra i detenuti e il mondo
degli affetti, tra i detenuti e il mondo esterno in genere". Lo afferma in una nota Giuseppe Maria
Meloni, portavoce di Piazza delle Carceri e della
Sicurezza del cittadino.

CARCERI, MELONI (PIAZZA CARCERI E SICUREZZA): "È URGENTE UNA RIFORMA" COMUNICATO STAMPA

Roma, 19 nov. 2020 – "Solo se si optasse entro poco
tempo per un sistema penale non fondato prevalentemente sulla privazione della libertà personale, potrebbe dirsi che non sia attualmente necessaria una
riforma delle carceri italiane. E' evidente, tuttavia,
che la predetta opzione non appare al momento im-
maginabile nel nostro Paese, ed è evidente, quindi,
che serve urgentemente una riforma. Una riforma capace di sintonizzare il carcere con l'art. 27 della nostra Costituzione, e quindi con la finalità rieducativa
della pena. Oggi, si parla delle carceri per via del
Covid, ma pure se non fosse mai esistito il Covid, ci
sarebbero state comunque le malattie infettive, le
malattie psichiatriche, i suicidi, i tentativi di suicidio,

gli atti di autolesionismo. Attraverso una riforma delle carceri dobbiamo portare in maniera stabile negli istituti, la dignità, l'umanità e la speranza. Dobbiamo arricchire la pena con tutte quelle attività istruttive, formative e lavorative, capaci di garantire un proficuo reinserimento sociale del condannato. Tutto ciò sarebbe utile anche per la nostra sicurezza, perché un condannato che poi si inserisce positivamente nel contesto sociale, significa per forza più sicurezza per tutti. La risposta giusta all'emergenza costante delle carceri, è, quindi, finalmente, una grande riforma, e non i continui provvedimenti di svuotamento delle carceri. Tali provvedimenti oltre a muoversi al di fuori del dettato costituzionale che prevede, invece, i rimedi dell'amnistia e dell'indulto, vanno realizzando nel loro ripetuto susseguirsi, qualcosa di più grave della mancata attuazione della finalità rieducativa della pena. Con tali provvedimenti, difatti, si va, addirittura, realizzando direttamente la finalità diseducativa della pena. Con tali ripetuti provvedimenti che consentono al condannato di uscire prima del tempo stabilito, si fa capire allo stesso condannato e al tessuto sociale a lui connesso che tutto sommato non è stato commesso nulla di così veramente grave, si fa capire allo stesso condannato e al tessuto sociale a lui connesso che pure in caso di commissione di nuovi ed ulteriori reati, ci sarà sempre una via d'uscita a breve, ci sarà sempre e comunque un modo per farla franca a breve". Così in una nota Giuseppe Maria Meloni, portavoce di Piazza delle Carceri e della Sicurezza del cittadino.

CARCERI, PIAZZA CARCERI E SICUREZZA: "SARANNO DUE LUNGHI MESI DI SCIOPERO DELLA PAROLA" COMUNICATO STAMPA

Si intende sensibilizzare il mondo dell'informazione sul grande vuoto di informazione che circonda le carceri, e incoraggiare la politica ad una visione costituzionalmente orientata.

Roma, 24 dic. 2020 – "Per due mesi, sino al 22 febbraio 2021, l'iniziativa Piazza delle Carceri e della Sicurezza del cittadino, osserverà sul proprio sito internet, sul profilo twitter, sulla pagina facebook, e nel gruppo facebook, uno sciopero della parola. Inoltre, in adesione completa a tale sciopero, anche i profili facebook del portavoce di Piazza delle Carceri, osserveranno per due mesi, sino al 22 febbraio 2021, uno sciopero totale della parola. Si tratta di un importante sacrificio, poiché tale sciopero costituisce una dolorosa automutilazione di una delle più importanti libertà, quella di espressione. In questo modo, si intende, gentilmente, sensibilizzare il

281

mondo dell'informazione, sul grande vuoto di informazione che circonda il mondo delle carceri. Si
vuole sensibilizzare il mondo dell'informazione a
dare spazio, ad aggiungere righe, insomma, a fare
molto di più. Non in virtù di un favore, ma perché
vista la condizione drammatica delle carceri, non appaiono sussistere delle giustificate ragioni per continuare a parlare così poco di questo problema. Attraverso questo gesto, inoltre, si intende, gentilmente, sensibilizzare la politica ad uscire da una visione meramente emergenziale delle carceri, ad
uscire da una visione delle carceri come se si trattasse
di vasche piene d'acqua, che periodicamente vanno
svuotate. Con l'obiettivo di coniugare la certezza
della pena con l'umanità e la rieducazione, si vuole
incoraggiare una visione costituzionalmente orientata delle carceri, e quindi, una riflessione per una riforma che aiuti ad attuare il grande incompiuto: l'art.
27 della nostra Costituzione. Una omessa attuazione
che riguarda non solo il terzo comma ovvero la finalità rieducativa della pena, ma pensando a quante
persone si trovino attualmente in attesa di giudizio
nelle carceri italiane, che riguarda anche il secondo
comma, ovvero "l'imputato non è considerato
colpevole sino alla condanna definitiva"". Lo ha
dichiarato in una nota Giuseppe Maria Meloni,
portavoce di Piazza delle Carceri e della Sicurezza
del cittadino.

PIAZZA CARCERI E SICUREZZA AL NEO MINISTRO DELLA GIUSTIZIA: "TERMINATO SCIOPERO DELLA PAROLA, E ORA, CON TUTTA LA VOCE CHE ABBIAMO CHIEDIAMO UNA RIFORMA, ANZI, UN MIGLIORAMENTO" COMUNICATO STAMPA

Roma, 23 feb. 2021 – "Abbiamo portato a termine due lunghi mesi di sciopero della parola, è stata dura, ma ne è valsa la pena. Lo abbiamo fatto per sensibilizzare l'informazione ad una maggiore attenzione verso il mondo delle carceri ed al fine di incoraggiare la politica ad uscire da una visione meramente emergenziale dei penitenziari, per imboccare, invece, la strada giusta di una visione costituzionalmente orientata della pena". Lo dichiara in una nota Giuseppe Maria Meloni, portavoce di Piazza delle Carceri e della Sicurezza del cittadino che aggiunge: "Dopo aver fatto riposare la voce, ora, però, con tutta la voce che abbiamo, ma sempre attraverso una tonalità dolce e rispettosa, chiediamo una riforma. Una riforma in grado di conformare la pena alla nostra Costituzione ed in particolare al dettato di cui all'art. 27 della Costituzione repubblicana". "Non è teoria, – commenta – noi ci crediamo per davvero all'attuazione dell'art. 27, ed al riguardo, proprio sul punto ritenuto più irrealizzabile, facciamo nostre le parole dell'Onorevole Tupini che nella seduta dell'Assemblea Costituente del 15 aprile 1947, affermò: "Sono convinto, per un elementare senso umano, che bisogna fare ogni sforzo perché il reo possa essere rieducato, e credo che non dobbiamo rinunciare in nessun caso a questa possibilità"". "Sarebbe importante – rileva – se tale richiesta di riforma potesse giungere direttamente alla cortese attenzione del nuovo Ministro della Giustizia, Prof.ssa Marta Cartabia". "Chiediamo una riforma, ma – spiega – non c'è assolutamente l'intenzione di introdurre delle modificazioni profonde, poiché esse quasi sempre si traducono in qualcosa di non realizzato. Sussiste, invece, l'idea di partire dalla pena per come è attualmente in vigore, di partire proprio da questa pena prevalentemente fondata sulla privazione della libertà personale, e senza giungere a qualcosa di diverso, renderla semplicemente più umana, renderla semplicemente in grado di produrre un positivo reinserimento sociale del condannato". "Parliamo di una riforma, ma, in realtà, – precisa – si tratta del semplice miglioramento della situazione sussistente, parliamo di una riforma, ma, in realtà, potrebbe trattarsi anche di semplici e distinti provvedimenti". "Ad esempio, – osserva – per quanto concerne l'umanità della pena, riteniamo che questo aspetto sia particolarmente connesso alla assistenza medica, psichiatrica e psicologica all'interno dei penitenziari. Questa

284

particolare connessione non può essere percepita a pieno se si prendono a riferimento le normali esigenze di salute della popolazione. Può essere, invece, ben compresa tenendo conto che le esigenze di salute dei soggetti ristretti sono molto più ampie rispetto a quelle di chi si trova ad essere libero. Ciò dipende dalle strutture fatiscenti in cui possono persino mancare l'acqua calda e il riscaldamento, dipende dalle strutture spesso sovraffollate, e, quindi, attualmente esposte anche ai rischi di contagio del Covid-19. Dipende dalle carenze igienico sanitarie, dall'ampia presenza di malattie infettive, e dipende dal fatto stesso della carcerazione che è in grado da solo di far ammalare nella mente anche chi entra sano. Pertanto, una pena scontata, senza avere la possibilità di fruire di una adeguata assistenza per la salute del corpo e della mente, è certamente una pena contraria al senso di umanità". "Sarebbe necessario, quindi, – sottolinea – un provvedimento in grado di potenziare l'assistenza medica, psichiatrica e psicologica all'interno delle carceri italiane". "Ugualmente – sostiene – per quanto concerne la rieducazione del condannato, il positivo reinserimento sociale del condannato, si tratterebbe semplicemente di introdurre all'interno dei penitenziari, in maniera uniforme sul territorio nazionale e senza alcuna distinzione tra le diverse strutture di pena, dei

percorsi di istruzione, di formazione, di sport, di lavoro, che siano realmente accessibili a tutti i ristretti,
e che siano in grado di far riemergere quelle valenze
positive che sono insite in qualsiasi essere umano."
"La privazione della libertà personale – prosegue – è
pura sofferenza, rappresenta puramente e semplicemente l'aspetto punitivo. Ora, è necessario approfondire quanto questo aspetto puramente punitivo
possa essere utile o sufficiente ai fini della rieducazione. Per fare ciò bisogna comprendere preliminarmente cosa significhi rieducare ed in considerazione
del fatto che tale termine non significa altro che educare di nuovo, è necessario capire essenzialmente
cosa significhi educare". "Il modo più facile per
comprendere il significato dell'educare, è pensare –
evidenzia – a quello che fanno normalmente i geni-
tori con i propri figli. Ebbene, l'educazione che i gen-
itori danno ai figli, non è fatta soltanto di punizioni,
ma è fatta anche attraverso l'istruzione, la formazione, il gioco, le attività fisiche, ecc.. In sostanza, la
punizione è soltanto uno dei tanti elementi che compongono l'educazione. In questo modo, è possibile
dire che i percorsi sopra citati e di cui si auspica l'introduzione, una volta congiunti all'aspetto punitivo
già sussistente, rappresentano il necessario com-
pletamento del compito educativo all'interno delle
carceri. In sintesi, potrebbe, quindi, dirsi che le pene
detentive tendono alla rieducazione del condannato,

così come previsto in Costituzione, quando la punizione coesiste con tutti gli altri elementi che compongono l'educazione della persona". "L'introduzione dei predetti percorsi all'interno delle carceri, è di fondamentale importanza, poiché la seconda chance per chi esce dal carcere, – chiarisce – se non viene preparata durante tutto il tempo della detenzione, risulta essere nella maggior parte dei casi meramente illusoria. Il carcere deve essere il luogo di preparazione della seconda possibilità, deve essere come una officina, deve essere cioè il luogo in cui, pazientemente, pezzo per pezzo, bullone dopo bullone, viene costruita la seconda chance". "Al di là dell'approccio che si decida di seguire, una riforma unitaria o provvedimenti distinti, l'importante – continua – è che vengano affrontati entrambi gli aspetti, sia quello della rieducazione sia quello dello salute. Difatti, i percorsi di istruzione, di formazione, di sport, di lavoro, risultano essere utili ai fini della salute mentale del ristretto, e l'aspetto della cura della salute mentale risulta essere utile al fine della rieducazione e della futura reintegrazione sociale del condannato. In merito a quest'ultimo aspetto, è sufficiente solamente pensare al grande numero di detenuti con problemi legati alle droghe o all'alcol, perché risulti facile intuire il notevole aiuto che un forte supporto psicologico o psichiatrico, potrebbe offrire

287

nella rieducazione e nel successivo reinserimento sociale". "Si tratta – dice ancora Meloni – di una riforma o comunque di distinti provvedimenti che
sono oltretutto facilmente realizzabili, poiché se il
concetto di pena è effettivamente un terreno di aspro
scontro politico – ideologico, qui, invece, non è in
gioco il concetto di pena, non è in gioco la validità o
meno del modello di pena fondato sul carcere, ma risultano essere in gioco delle tematiche completamente diverse. E' in gioco il diritto alla salute, con
evidenti ripercussioni anche sull'eguaglianza di tutela tra la popolazione generale e i detenuti, ed è in
gioco la finalità rieducativa della pena, con evidenti
ripercussioni anche sul principio di uguaglianza
sostanziale, in merito alla rimozione degli ostacoli al
reinserimento sociale del reo. Ebbene, con riferimento al diritto alla salute, sia che possano esserci
delle persone di sinistra, delle persone di destra, o
delle persone di centro, non si intravedono ragioni,
se non una particolare crudeltà, per opporsi alla salute dei soggetti ristretti. Inoltre, con riferimento alla
finalità rieducativa della pena, sia che possano esserci delle persone di sinistra, delle persone di destra,
o delle persone di centro, non si intravedono ragioni,
se non una particolare ottusità, per opporsi alla rieducazione dei condannati, e ciò specialmente in virtù
del fatto che la stessa rieducazione, risulta essere poi
un importante mezzo per garantire la sicurezza di

tutti i cittadini italiani. Infine, non si intravedono
ragioni per opporsi alla rieducazione dei condannati,
se non anche un odioso pregiudizio, quel pregiudizio
per cui lo scrittore Victor Hugo, diceva "La libera-
zione non è la libertà; si esce dal carcere, ma non
dalla condanna"". "Proprio in merito a questo pregiudizio – conclude – il modo migliore per superarlo,
è probabilmente porsi semplicemente una domanda.
Riprendendo testualmente le parole di Papa Francesco in una udienza ai responsabili della Pastorale
Penitenziaria, tale domanda da porsi, potrebbe essere
così formulata: "Se questi fratelli e sorelle hanno
scontato la pena per il male commesso perché viene
messa sulle loro spalle una nuova punizione sociale
con rifiuto e indifferenza?"".

SOVRAFFOLLAMENTO CARCERI: PROBLEMA NON È SOLO QUANTI SONO MA ANCHE CHE COSA FANNO. COMUNICATO STAMPA

Roma, 12 apr. 2021 – "Un recentissimo rapporto del
Consiglio di Europa indica che le carceri italiane
sono le più sovraffollate dell'Unione Europea.
Questo è un dato rilevante, ma al fine di migliorare
la situazione, non può essere l'unico ad essere preso

in esame. In sostanza, in merito ai ristretti non dobbiamo limitarci a chiedere quanti sono, dobbiamo anche chiederci che cosa fanno. Dobbiamo cioè
superare quell'approccio simile ai diritti degli animali, per cui ci si interroga solo se un essere vivente
soffra, se abbia spazio, luce, aria, se abbia da mangiare, ecc., per approdare, invece, ad un approccio basato sui diritti dell'uomo. In virtù di un approccio
fondato sui diritti della persona umana, difatti, ci si
dovrà interrogare anche in merito alla questione di
come i ristretti trascorrono le loro giornate, cosa
fanno, di cosa si occupano, che cosa pensano. Tale
approccio basato sui diritti della persona umana, risulta poi essere l'unico in grado di facilitare il discorso di attuazione della rieducazione del condannato di cui alla nostra Costituzione". Così in una
nota Giuseppe Maria Meloni, portavoce di Piazza
delle Carceri e della Sicurezza del cittadino.

PIAZZA CARCERI E SICUREZZA: INCLUDERE
LE CARCERI NEL PROGETTO DI
RICOSTRUZIONE DEL PAESE.
COMUNICATO STAMPA

Roma, 10 giu. 2021 – "La ricostruzione dopo questa
pandemia, potrebbe essere più complessa rispetto ad
una normale ricostruzione post bellica. Dopo una

guerra, dopo una distruzione su larga scala, c'è da ricostruire. In questo caso, invece, non c'è una evidente distruzione materiale, non ci sono edifici, ponti e fabbriche da ricostruire, bisogna quindi agire soprattutto su una ricostruzione delle persone, su una ricostruzione della fiducia. Difatti, questo virus non ha colpito profondamente solo le imprese e le attività in genere. Il covid ha colpito in profondità gli uomini. Ha colpito moltissimi uomini e donne sotto il profilo fisico ma ha colpito tutti, l'umanità intera, sotto il profilo mentale e del modo di pensare. Sotto il profilo psichico, i ristretti, presumibilmente, sono quelli che ne hanno sofferto di più. La pandemia ha estremamente colpito il mondo delle carceri, rendendo molto più difficili i contatti con l'esterno, con il volontariato e persino con i familiari. Sarebbe importante che il desiderio di ricostruzione, che il desiderio di un nuovo inizio, possano essere così forti da non escludere nessuno, nemmeno il mondo degli ultimi, il mondo delle carceri. Non sarebbe una ricostruzione dei penitenziari, ma una ricostruzione dei diritti umani, una ricostruzione della dignità e della speranza dell'essere umano, dei suoi bisogni, delle sue esigenze, delle sue aspettative. Una ricostruzione della persona detenuta che sia in grado di realizzare la finalità rieducativa della pena". Lo afferma Giuseppe Maria Meloni, portavoce di Piazza delle Carceri e della Sicurezza del cittadino.

CARCERI, MELONI: "POCO STUPORE PER I FATTI DI SANTA MARIA CAPUA VETERE". COMUNICATO STAMPA

Roma, 02 lug. 2021 – "Poco stupore per i fatti di Santa Maria Capua Vetere. Difatti, non poteva non finire così ed in prospettiva, continuando in questo modo, non potrà nuovamente non finire così. Nel senso che se le carceri, nel nostro Paese, avessero goduto di un minimo di considerazione, di un minimo di dignità, ci sarebbe stata quella sufficiente attenzione, ci sarebbe stato quel sistema minimo di controlli, capaci di evitare sul nascere questi episodi. Le rivolte e poi i pestaggi sono stati cioè la naturalissima conseguenza di un mondo abbandonato a se stesso e che non interessa a nessuno, tanto meno alla politica che senza entrare più di tanto nel merito della questione e senza cimentarsi in una analisi oggettiva del problema, al più si diletta in un atteggiamento da tifoso della polizia penitenziaria oppure dei detenuti. Le rivolte e poi i pestaggi sono stati la naturalissima conseguenza di un mondo, quello delle carceri, che è completamente avvolto nel buio impenetrabile, sono stati la naturalissima conseguenza di un mondo di cui, nonostante molti lodevoli sforzi, si parla veramente troppo poco nei mass media. Se ne parla ancora troppo poco nei mass media, eppure le carceri non sono un mondo così silenzioso e privo di notizie,

presumibilmente le carceri sono semplicemente un
mondo di cui non è opportuno parlarne molto. Va
detto che i pochi che cercano di raccontare questo
difficile universo sono anche guardati con una certa
diffidenza se non con sospetto, come se si trattasse di
tematiche preoccupanti ed extra repubblicane. I pochi che discorrono di questo difficile mondo, nel momento in cui cercano di comunicare, spesso, vedono
la loro voce così poco amplificata dall'informazione,
da provare la scoraggiante e psicologicamente preoccupante sensazione di parlare da soli. Per evitare il
ripetersi di questi gravi episodi, non servono le mo-
mentanee prese di posizione sull'onda delle notizie,
non servono i grandi processi e le pene esemplari,
non servono i grandi progetti di riforma, basta fare
un semplice gesto che potrebbe eseguire anche un
bambino, basta semplicemente accendere la luce e
mantenerla sempre accesa. Mantenere la luce sempre
accesa, significa ad esempio che per tornare nuovamente a parlare di carceri non è necessario attendere
che nei prossimi quattro o cinque mesi, avvenga la
scarcerazione di qualche boss. Bisogna puntare i ri-
flettori sulle carceri e tenerli fissi, bisogna parlarne
costantemente per mantenere sempre alta l'attenzione. E' normale che se non si provvede ad alimentare l'attenzione su determinate questioni, le cose
possano sfuggire completamente di mano. Bisogna
discutere di carceri nell'ambito politico, nell'ambito

293

dell'informazione e nell'ambito della società civile. In nome della Costituzione e del suo articolo 27, ed al fine di evitare il ripetersi di questi gravi episodi, c'è bisogno di un patto tra la politica, l'informazione e la società civile, ovvero un impegno comune e fermo, finalizzato a non dimenticare le carceri nei rispettivi ambiti di azione". Lo afferma in una nota Giuseppe Maria Meloni, portavoce di Piazza delle Carceri e della Sicurezza del cittadino.

INDICE

PREMESSA.. 5

L'ASSOCIAZIONE MOVIMENTO CLEMENZA E DIGNITA' 7

CARCERI: NASCE IL 'MOVIMENTO CLEMENZA E
DIGNITA" PER I DETENUTI 8

GIUSTIZIA: MOVIMENTO CLEMENZA E DIGNITA', LEGGE
PECORELLA ATTO DI CIVILTA' 9

GIUSTIZIA: MOVIMENTO CLEMENZA E DIGNITA', LEGGE
PECORELLA ATTO DI CIVILTA' (2)...................................... 10

CASSAZIONE: MELONI (MOVIMENTO CLEMENZA E
DIGNITA'), SENTENZA E' INSULTO 11

CASSAZIONE: MELONI (MOVIMENTO CLEMENZA E
DIGNITA'), SENTENZA E' INSULTO (2)................................ 12

CARCERI: 'CLEMENZA E DIGNITA", NECESSARIO
PROGETTO DI RIFORMA = I RECENTI DATI
RAPPRESENTANO DRAMMATICITA' DI UNA TRAGEDIA
INASCOLTATA.. 13

CARCERI: 'CLEMENZA E DIGNITA", DROGA A SAN
VITTORE OCCASIONE RIFLESSIONE 14

WOJTYLA: MELONI, INIZIATIVA 'CLEMENZA E DIGNITA"
NEL RICORDO DEL GRANDE PAPA...................................... 15

GIUSTIZIA: 'CLEMENZA E DIGNITA", GIUSTO IL NO
CRISTIANO SU PENA DI MORTE 16

GIUSTIZIA: MELONI (CLEMENZA E DIGNITA'),
CONCORDI CON LA VISIONE CENTROSINISTRA 17

ELEZIONI: MELONI (CLEMENZA E DIGNITA'),
SODDISFATTI PER CONTROLLI CASSAZIONE 18

ROMA: DOMANI INCONTRO CON MOVIMENTO
'CLEMENZA E DIGNITA" 18

EVENTI - INCONTRO CON IL MOVIMENTO 'CLEMENZA E
DIGNITÀ' 19

CARCERI: MOVIMENTO CLEMENZA E DIGNITA', NON
SOLO AMNISTIA E INDULTO 19

CARCERI: 'CLEMENZA E DIGNITA", UN'INTESA PER
LENIRE SOFFERENZE DETENUTI SIAMO CAMPIONI DEL
MONDO DI CALCIO, DIVENTIAMO CAMPIONI
SOLIDARIETA' 20

INDULTO: MOVIMENTO 'CLEMENZA E DIGNITA", UN
SUCCESSO ANCHE NOSTRO 'PROSSIME INIZIATIVE PER
RIFORMARE GIUSTIZIA PUNITIVA ITALIANA' 21

INDONESIA: MOVIMENTO CLEMENZA E DIGNITA',
FIACCOLATA OCCASIONE DIALOGO
INTERRELIGIOSO 22

MATERIALI DI CLEMENZA E DIGNITA': "MOVIMENTO
CLEMENZA E DIGNITÀ", DOCUMENTO APERTO PER UNA
RIFORMA DELLA GIUSTIZIA PENALE. 23

GIUSTIZIA: DA MOVIMENTO 'CLEMENZA E DIGNITA"
MATERIALE UTILE PER RIFORMA CPP = PRESIDENTE
MELONI, CAMMINO DI CIVISMO TECNICO SU
PROBLEMATICHE SISTEMA 32

GIUSTIZIA: AUDIZIONI RIFORMA CPP, CONVOCATO
PRESIDENTE 'CLEMENZA E DIGNITA" 33

SICUREZZA: 'CLEMENZA E DIGNITA", L'ACCOGLIENZA
DEVE PRODURRE INTEGRAZIONE 34

GIUSTIZIA: MELONI (CLEMENZA E DIGNITA'),
RIPARTIRE DA ASPETTATIVE DELLA GENTE 35

GIUSTIZIA: LA MESSA IN PROVA PIACE A 'CLEMENZA E
DIGNITA" 36

CASO ENGLARO: CLEMENZA E DIGNITA', STIMOLA
RIFLESSIONE COLLETTIVA 37

CARCERE. CLEMENZA E DIGNITA': " I DETENUTI SONO
OLTRE 60 MILA" 39

CARCERI: CLEMENZA E DIGNITA', CODICE ROCCO E'
ORMAI INADEGUATO. 41

ROMA, CLEMENZA E DIGNITA': DOMENICA FESTA
DIVINA MISERICORDIA. 42

CARCERI. CLEMENZA E DIGNITÀ: USARE DETENUTI PER
LAVORI UTILI ISTITUTI DI PENA LUOGHI INFERNALI, NE
SERVONO DI NUOVI. 43

GIUSTIZIA: CLEMENZA E DIGNITA', CONIUGARE
BREVITA' CON FINE GIUSTIZIA 44

IMMIGRATI: "CLEMENZA E DIGNITA', RIVALUTIAMO IL
DIRITTO NATURALE. 46

ETICA: CLEMENZA E DIGNITÀ, ALLA RICERCA DI
RISPOSTE NEL DIRITTO PENALE. 47

CARCERI, CLEMENZA E DIGNITA': DARE PIU' SPAZIO A
PENE ALTERNATIVE 49

CARCERI: CLEMENZA E DIGNITÀ, MANDIAMO UNA
CARTOLINA AI DETENUTI. 50

CARCERI: CLEMENZA E DIGNITÀ, EVITIAMO DI VOLER
CAMBIARE TUTTO PER NON CAMBIARE NIENTE 51

CARCERI: CLEMENZA E DIGNITÀ, CONFRONTARE
SICUREZZA CON DIRITTI DELL'UOMO 52

CARCERI: CLEMENZA E DIGNITÀ, APPELLO PER
SOLUZIONI URGENTI. 54

CARCERI: CLEMENZA E DIGNITÀ, ESSENZIALE È
RICONOSCERE LA PERSONA UMANA. 54

CARCERI: UN RUOLO PIÙ INCISIVO PER IL
VOLONTARIATO 57

297

UN PENSIERO GIURIDICO PER DIVENIRE E
CONSERVARSI PRINCIPIO, NECESSITA DI
CARATTERISTICHE DI IMMUTABILITÀ CARCERI:
CLEMENZA E DIGNITÀ, MENO DIRITTI PER GLI ULTIMI
MENO DIRITTI PER TUTTI 58

NOTA GIUSEPPE MARIA MELONI, PRESIDENTE DI
CLEMENZA E DIGNITÀ CARCERI: CLEMENZA E
DIGNITA', COSI' SI PROFILA L'INGIUSTIZIA DELLA
PENA.. 60

LO DICHIARA IN UNA NOTA GIUSEPPE MARIA MELONI
CARCERI: CLEMENZA E DIGNITÀ, AI DETENUTI
ALMENO I DIRITTI DEGLI ANIMALI 62

CLEMENZA E DIGNITÀ: "TANTI MORTI, NESSUN
INTERESSE" 64

WWW.CLEMENZA.IT CARCERI: CLEMENZA E DIGNITÀ,
C'È ANCHE UNA LETTURA RELIGIOSA 65

LO AFFERMA IN UNA NOTA GIUSEPPE MARIA MELONI,
PRESIDENTE DI CLEMENZA E DIGNITÀ CARCERI:
CLEMENZA E DIGNITÀ, IL POTERE PUÒ LOGORARE
ANCHE CHI CE L'HA..67

E' QUANTO AFFERMA IN UNA NOTA GIUSEPPE MARIA
MELONI, PRESIDENTE DI CLEMENZA E DIGNITÀ
CARCERI: CLEMENZA E DIGNITÀ, TANTA SOFFERENZA
INUTILE 69

LO AFFERMA IN UNA NOTA GIUSEPPE MARIA MELONI,
PRESIDENTE DEL MOVIMENTO CARCERI: CLEMENZA E
DIGNITÀ, RIFORMARE LA PENA CON LAVORO DI
PUBBLICA UTILITÀ..71

E' QUANTO AFFERMA IN UNA NOTA GIUSEPPE MARIA
MELONI DELL'ASSOCIAZIONE CLEMENZA E DIGNITÀ
CARCERI: MELONI (CLEMENZA E DIGNITÀ),
INTRODURRE IL DIRITTO ALLA SPERANZA TRA I
DIRITTI INVIOLABILI DELL'UOMO 73

CARCERI: CLEMENZA E DIGNITA', RICOMINCIA
CONTEGGIO MORTI NELLE CARCERI 75

LETTERE & COMMENTI CLEMENZA E DIGNITÀ, UNA
GIUSTIZIA GIUSTA SCATURISCE SEMPRE DA UNA
PRUDENTE MEDIAZIONE DELLE DIVERSE ESIGENZE ... 76

LETTERE & COMMENTI CARCERI, CLEMENZA E
DIGNITÀ: OLTRE NAPOLI C'È L'EMERGENZA RIFIUTI
UMANI 77

CARCERI: CLEMENZA E DIGNITÀ, ERRORE PUNTARE
SOLO SU DETENZIONE 78

PENSIERI & PAROLE CARCERI, CLEMENZA E DIGNITÀ: È
NECESSARIO IL MASSIMO IMPEGNO COMUNE 80

PENSIERI & GESTI CARCERI, MELONI (CLEMENZA E
DIGNITÀ): 24 ORE DI SCIOPERO DELLA FAME 81

CARCERI. CLEMENZA E DIGNITÀ: SONO COME
L'INFERNO 'NEI PRESSI DI QUELLE STRUTTURE TROPPO
POLITICI SENZA POSIZIONI'. 82

CARCERI. CLEMENZA E DIGNITÀ: SONO COME
L'INFERNO -2- 83

LA PROTESTA DEL 14 AGOSTO CARCERI, (MELONI)
CLEMENZA E DIGNITÀ: ADERISCO ALLO SCIOPERO
TOTALE DELLA FAME E DELLA SETE 84

CARCERI. CLEMENZA E DIGNITA': UNA TRAGEDIA,
PRONTI A COLLABORARE 85

LETTERE & COMMENTI CARCERI, CLEMENZA E
DIGNITÀ: LA PENA DOVREBBE CONSISTERE IN UN
FATTO POSITIVO PER LA COLLETTIVITÀ 86

POLITICA & MELONI (CLEMENZA E DIGNITÀ) OLTRE I
DETENUTI CI SONO PIÙ DI UN MILIONE DI GIOVANI
DETENUTI IN CASA 87

CARCERI: CLEMENZA E DIGNITÀ: 'ESECUZIONE DELLA
PENA È PARTE FONDAMENTALE DELLA GIUSTIZIA
PENALE 89

GIUSEPPE MARIA MELONI – PROBLEMA CARCERI -
VIDEO SU YOUTUBE DEL 02-11-2011 – TESTO 91

PENSIERI & PAROLE SOCIETÀ & DIRITTO: OCCORRE
SEMPRE LA MATURAZIONE DI UNA CONDIVISIONE
PUBBLICA DELLA RATIO DELLE LEGGI 97

PENSIERI & PAROLE CARCERI, CLEMENZA E DIGNITÀ:
LA SOCIETÀ È CAPACE DI CONDANNARE MA ANCHE DI
CAPIRE 101

CARCERI, IL DOCUMENTO DEL MOVIMENTO CLEMENZA
E DIGNITÀ PER UNA RIFORMA DELLA GIUSTIZIA
PENALE 104

CARCERI, "CLEMENZA E DIGNITÀ" 109

LETTERE & COMMENTI CLEMENZA E DIGNITÀ:
L'ESTINZIONE DEL REATO DOVREBBE ESSERE UN
PREMIO PER LA SUCCESSIVA SANA CONDOTTA 111

CARCERI: CLEMENZA E DIGNITA', NORME
SANZIONATORIE NON SIANO FULCRO DELL'
ORDINAMENTO 112

LETTERE & COMMENTI LA COSTITUZIONE È VIVA,
SIAMO NOI CHE LA RENDIAMO LETTERA MORTA 115

CARCERI: CLEMENZA E DIGNITA', SI APRA DIBATTITO
PARLAMENTARE 117

LETTERE & COMMENTI CARCERI, CLEMENZA E
DIGNITÀ: SEPARAZIONE TRA DIRITTO E MORALE
RENDE DIFFICILE FERMARE TRAGEDIA 118

CARCERI: MELONI, COSTITUZIONE RESTA UNICO
PUNTO FERMO 120

IL SENSO DI UMANITÀ NELL'ART. 27 DELLA
COSTITUZIONE 122

PENSIERI & PAROLE IL PROBLEMA DELLA CUSTODIA
CAUTELARE IN CARCERE, RISIEDE NEL CODICE 123

LETTERE & COMMENTI CARCERI, CLEMENZA E
DIGNITÀ: PIENA FIDUCIA IN RIFORME 126

CARCERI: CLEMENZA E DIGNITA', GLI ANGELI DELLA
VITA INDOSSANO UN BASCO DI COLORE AZZURRO ... 127

FATTI & MISFATTI CARCERI: CLEMENZA E DIGNITÀ, CI
SONO FATTORI DI RESISTENZA A POSSIBILI
SOLUZIONI... 128

CARCERI: I PARTITI SI PRONUNCINO SU NODI IRRISOLTI
IN VISTA DI ELEZIONI 129

CARCERI. CLEMENZA E DIGNITÀ: DOMANI SCIOPERO
FAME-SETE L'INIZIATIVA DEL PRESIDENTE, DOMANI
DALLE 8 ALLE 20. 130

CARCERI, CLEMENZA E DIGNITÀ: È ORA DI USCIRE
DALLA LOGICA DEL DETENUTO IGNOTO 132

LETTERE: A PROPOSITO DI IDENTIFICAZIONE DEL
SUICIDIO NEI LUOGHI DI RECLUSIONE........................... 133

CARCERI. E' IN GIOCO IL PATRIMONIO GENETICO DEL
DIRITTO DELL'INTERA UMANITÀ 136

FATTI & MISFATTI CARCERI, CLEMENZA E DIGNITÀ:
INTERVENTO DEL PRESIDENTE DELLA REPUBBLICA,
APRE SPUNTI DI RIFLESSIONE 137

LETTERE & COMMENTI CARCERI, MELONI (CLEMENZA
E DIGNITÀ): OLTRE AD AMNISTIA E INDULTO,
IPOTIZZIAMO UNA TERZA VIA.. 139

LETTERE & COMMENTI CARCERI, ASS. CLEMENZA E
DIGNITÀ: IL GOVERNO LASCI UN SEGNO TANGIBILE DI
SPERANZA.. 145

PD: MELONI (CLEMENZA E DIGNITA'), DISPONIBILE A
CANDIDARMI PER IL DRAMMA CARCERI 146

CARCERI: CLEMENZA E DIGNITA', LA POLITICA NON E'
PER COMMENTARE MA PER FARE 147

PENSIERI & PAROLE CARCERI, IL GRANDE SILENZIO IN
CAMPAGNA ELETTORALE 148

FATTI & MISFATTI MELONI (CLEMENZA E DIGNITÀ):
PROSEGUO AZIONE PER LE CARCERI............................... 150

CLEMENZA E DIGNITÀ: "NUOVO PARLAMENTO,
INCOGNITA MA ANCHE UNA SPERANZA"...................... 150

301

CARCERI: MELONI (CLEMENZA E DIGNITA'), IL PAPA
FARA' CAPIRE UNA GIUSTIZIA CHE E' ANCHE
MISERICORDIA 152

LETTERE & COMMENTI CARCERI, CLEMENZA E
DIGNITÀ: CI SONO CONDIZIONI FAVOREVOLI PER
SOLUZIONI 153

CARCERI: CLEMENZA E DIGNITA', SAREBBE UTILE UNA
INDAGINE SULLE CAUSE DELLA TRAGEDIA 154

CARCERI: CLEMENZA E DIGNITA', URGENZA E
GRAVITA' RICHIEDONO DECRETO PESANTE 155

CARCERI: CLEMENZA E DIGNITA', ISPIRATI DA
GIOVANNI PAOLO II 156

PENSIERI & PAROLE LA CERTEZZA DELLA PENA È
STATA UCCISA DAL PANPENALISMO 157

CARCERE, SCIOPERO FAME E SETE PER "L'EFFETTIVO
SVUOTAMENTO" 158

LETTERE & COMMENTI MELONI (CLEMENZA E
DIGNITÀ): LA LEGGE PENALE SOFFRE DI UNA FALSA
APPLICAZIONE 159

CARCERI. MOVIMENTO: PARLAMENTO RISOLVA
PROBLEMA SOVRAFFOLLAMENTO GIUSEPPE MARIA
MELONI: CE LO CHIEDE SENTENZA CORTE DI
STRASBURGO 164

CARCERI, MELONI (CLEMENZA E DIGNITÀ): È
QUESTIONE DI COMUNE RESPONSABILITÀ E NON DI
APPEAL ELETTORALE 165

CARCERI, MELONI (CLEMENZA E DIGNITÀ): CASO
LIGRESTI FA RIFLETTERE SUL PRINCIPIO DI
EGUAGLIANZA 166

CARCERI: CLEMENZA E DIGNITA', AMNISTIA
SCOMPARSA DA PRIORITA' 167

CARCERI: SOLO AMNISTIA O INDULTO RISOLVONO IL
PROBLEMA 168

CARCERI, MELONI (CLEMENZA E DIGNITÀ): ADERISCO
ALLA MARCIA PER L'AMNISTIA. 169

LETTERE & COMMENTI CARCERI, CLEMENZA E
DIGNITÀ: SERVE UNA SOLUZIONE, CE LO CHIEDE LA
DIGNITÀ DELL'UOMO 170

PENSIERI & PAROLE CARCERI, MELONI (CLEMENZA E
DIGNITÀ): È UNA BATTAGLIA PERSA MA VA
COMBATTUTA SINO ALLA FINE 171

CARCERI, CLEMENZA E DIGNITÀ: STA PER SCADERE IL
TERMINE PER METTERSI IN REGOLA 172

CARCERI: CLEMENZA E DIGNITA', APPELLO A
ISTITUZIONI RELIGIOSE, RICERCA, CULTURA E
SPETTACOLO 173

PENSIERI & PAROLE CARCERI, MELONI (MOV.
CLEMENZA E DIGNITÀ): TEMPI STRETTI IMPEDISCONO
SOLUZIONI ALTERNATIVE ALLA CLEMENZA 174

LETTERE & COMMENTI AMNISTIA E INDULTO POSSONO
VEICOLARE ANCHE MESSAGGIO POSITIVO 175

CARCERE & DIRITTI CLEMENZA E DIGNITÀ: L'ESEMPIO
DI GIOVANNI XXIII E GIOVANNI PAOLO II PER
FOCALIZZARE IL SENSO DI UMANITÀ 176

CARCERI, MELONI (CLEMENZA E DIGNITÀ): SAREBBE
NECESSARIO POTENZIARE L'INFORMAZIONE. 178

L'INIZIATIVA PIAZZA DELLE CARCERI E DELLA
SICUREZZA DEL CITTADINO 180

GIUSTIZIA: NASCE PIAZZA DELLE CARCERI E DELLA
SICUREZZA DEL CITTADINO 189

GIUSTIZIA: PIAZZA CARCERI E SICUREZZA, UN
CARCERE NUOVO PER CONTEMPERARE LA DIGNITÀ DEI
DETENUTI CON LA SICUREZZA DEI CITTADINI 190

SICUREZZA: PIAZZA CARCERI E SICUREZZA,
VALORIZZARE DI PIÙ LA FASE DI PREVENZIONE DEI
REATI. 192

CARCERI: PIAZZA CARCERI E SICUREZZA, IL
REINSERIMENTO DEGLI EX DETENUTI INCIDE SULLA
SICUREZZA DELLA CITTADINANZA.................................193

CARCERI: PIAZZA CARCERI E SICUREZZA, 52 SUICIDI E
TANTISSIMI DETENUTI CHE SONO MORTI
INTERIORMENTE..194

PIAZZA CARCERI E SICUREZZA: PER AUMENTARE LA
SICUREZZA PERCEPITA BISOGNA AGIRE SULLA
SFIDUCIA, SULLA RASSEGNAZIONE E SULLA
PAURA. 195

PIAZZA CARCERI E SICUREZZA: ATTENZIONE AL
RAZZISMO NEI CONFRONTI DEGLI ITALIANI 197

PIAZZA CARCERI E SICUREZZA: PER AUMENTARE LA
SICUREZZA DEI CITTADINI È NECESSARIO PORTARE
NELLE CARCERI LO SPIRITO DEGLI ESAMI DI
RIPARAZIONE 199

SICUREZZA: PIAZZA CARCERI E SICUREZZA,
RIACCENDERE L'ATTENZIONE SUI PERICOLI DATI DAL
CONSUMO DELLE SOSTANZE STUPEFACENTI..............200

CARCERI: PIAZZA CARCERI E SICUREZZA, L'ANNO È
APPENA COMINCIATO E GIÀ 3 SUICIDI NELLE CARCERI
ITALIANE 202

SICUREZZA: PIAZZA CARCERI E SICUREZZA, SONO
BABY GANG, MA GIOVANI DI OGGI PIÙ CONSAPEVOLI
DI UNA VOLTA..202

PIAZZA CARCERI E SICUREZZA: FINALMENTE
QUALCUNO HA PARLATO DI CARCERI IN CAMPAGNA
ELETTORALE..203

PIAZZA CARCERI E SICUREZZA: GUARDANDO ALLE
CARCERI FRANCESI, TANTA AMMIRAZIONE NEI
CONFRONTI DELLA NOSTRA POLIZIA
PENITENZIARIA..204

PIAZZA CARCERI E SICUREZZA: ANCHE LA GIUSTIZIA
CIVILE CONTRIBUISCE ALLA GRANDE
INSICUREZZA 205

IMMIGRAZIONE: PIAZZA CARCERI E SICUREZZA,
ABBIAMO IL DIRITTO E IL DOVERE DI FARE DELLE
DOMANDE A CHI GIUNGE IN ITALIA 208

ELEZIONI: PIAZZA CARCERI E SICUREZZA, PARTITI
DICANO SUBITO SE FARANNO NUOVE INTESE DOPO IL
VOTO 210

PIAZZA CARCERI E SICUREZZA, LA LEGITTIMA DIFESA
VA RESA PIÙ VICINA ALLA REALTÀ 211

CARCERI: PIAZZA CARCERI E SICUREZZA, NON
SERVONO GRANDI RIFORME PER IMPEGNARE I
DETENUTI IN QUALCHE ATTIVITÀ 212

CARCERI: PIAZZA CARCERI E SICUREZZA, APPELLO AL
CENTRODESTRA E M5S PER INCREMENTO POSSIBILITÀ
DI LAVORO 215

SICUREZZA: PIAZZA CARCERI E SICUREZZA, C'È
BISOGNO DI UNA INVASIONE DI TELECAMERE
(FUNZIONANTI) 217

SICUREZZA: PIAZZA CARCERI E SICUREZZA, BISOGNA
AGIRE ANCHE SULLA DISOCCUPAZIONE E SULLA
POVERTÀ 218

SICUREZZA: PIAZZA CARCERI E SICUREZZA, PRIMA DI
PENSARE AI GRANDI PROGETTI, ACCENDIAMO LE
LUCI. 219

CARCERI: PIAZZA CARCERI E SICUREZZA, LA
RADICALIZZAZIONE SI NUTRE DEL SILENZIO,
DELL'ODIO E DELLA DISPERAZIONE 220

GIUSTIZIA: PIAZZA CARCERI E SICUREZZA, CREARE IL
NUOVO REATO DI RACCOMANDAZIONE 222

CARCERI: MELONI (PIAZZA CARCERI E SICUREZZA),
FARÒ UN PICCOLO GESTO DI ATTENZIONE VERSO GLI
ULTIMI 224

SICUREZZA E DIRITTI UMANI: MELONI (PIAZZA
CARCERI E SICUREZZA), PASSARE DALL'IPERTROFIA
DEI DIRITTI ALLA EFFETTIVA PRATICABILITÀ 225

MELONI (PIAZZA CARCERI E SICUREZZA): "MAI PIÙ
INFANTI IN CELLA, INTERVENIRE SUI CODICI" 232

CARCERI: MELONI (PIAZZA CARCERI E SICUREZZA),
SIAMO VICINI AL RECORD DI SUICIDI 234

CARCERI, PIAZZA CARCERI E SICUREZZA: PER
MIGLIORARE SITUAZIONE AGIRE SU CUSTODIA
CAUTELARE 236

CARCERI, PIAZZA CARCERI E SICUREZZA: LA PENA NON
È UNA VENDETTA. 238

SOVRAFFOLLAMENTO CARCERI: "BISOGNA AGIRE
SUBITO, PIÙ AVANTI IL PROBLEMA SARÀ TROPPO
GRANDE". 240

MINORI, PIAZZA CARCERI E SICUREZZA: VALUTARE
L'OPZIONE DELLA CASTRAZIONE CHIMICA PER
PEDOFILI. 243

CARCERI, PIAZZA CARCERI E SICUREZZA: PROGETTARE
ISTITUTI DI PENA FINALIZZATI ALLA
RIEDUCAZIONE...... 245

CARCERI, MELONI (PIAZZA CARCERI E SICUREZZA):
OCCORRE LA CERTEZZA DELLA PENA E DEI DIRITTI
UMANI 246

PIAZZA CARCERI E SICUREZZA: CANI E GATTI IN
CARCERE PER UNA PENA MENO BESTIALE 248

MELONI (PIAZZA CARCERI E SICUREZZA): CARCERI
COME UNA NAVE CHE VA DRITTA SUGLI SCOGLI 250

MELONI (PIAZZA CARCERI E SICUREZZA): DEVE
TENERSI CONTO CHE VI È VERA GUERRA CONTRO
CRIMINE 251

PIAZZA CARCERI E SICUREZZA, ECCO IL NOSTRO SPOT:
"LA SICUREZZA È NULLA SENZA I DIRITTI UMANI"....252

CARCERI, PIAZZA CARCERI E SICUREZZA: UN
TELEFONO FISSO IN OGNI CELLA PER UN PASSO
AVANTI DI CIVILTÀ..254

CARCERI: UNA RIFLESSIONE SU GESÙ, IN PROSSIMITÀ
DEL NATALE 256

CARCERI: SERVE UN IMPEGNO POLITICO TRASVERSALE
FONDATO SULLA COSTITUZIONE 259

CARCERI: IL CORONAVIRUS SAREBBE COME UNA
BOMBA. 261

CARCERI: SOLUZIONE A RIVOLTE NON È SVUOTARE LE
CELLE MA RENDERE CARCERE PIÙ UMANO E
RIEDUCATIVO 261

CARCERI: SERVE MATURITÀ, BASTA OSCILLARE TRA
MODI DA SCERIFFO E ECCESSI DI BONTÀ 263

CARCERI: ERRATO CONSIDERARLE UN MONDO A
PARTE, HANNO MISSIONE SIMILE AGLI OSPEDALI 265

SICUREZZA: PER I REATI È SOLO LA QUIETE PRIMA
DELLA TEMPESTA 267

BOSS SCARCERATI: IL DIRITTO ALLA SICUREZZA DEI
CITTADINI È MENO RILEVANTE DEL DIRITTO ALLA
SALUTE DEI DETENUTI? 269

GIUSEPPE MARIA MELONI - INTERVENTO SULL'ART. 27
COST. - VIDEO SU FACEBOOK DEL 17-06-2020 -
TESTO 271

MELONI (PIAZZA CARCERI E SICUREZZA): ISTITUIRE LA
FIGURA DEL GARANTE DELLA RIEDUCAZIONE DEL
CONDANNATO 276

REFERENDUM, MELONI (PIAZZA CARCERI E
SICUREZZA) PER IL NO: "VERO PROBLEMA È
L'ATTUAZIONE DELLA COSTITUZIONE" 277

CARCERI: ALLARME COVID NON PRODUCA ULTERIORI
PENE 278

CARCERI, MELONI (PIAZZA CARCERI E SICUREZZA): "È
URGENTE UNA RIFORMA" 279

CARCERI, PIAZZA CARCERI E SICUREZZA: "SARANNO
DUE LUNGHI MESI DI SCIOPERO DELLA PAROLA" 281

PIAZZA CARCERI E SICUREZZA AL NEO MINISTRO
DELLA GIUSTIZIA: "TERMINATO SCIOPERO DELLA
PAROLA, E ORA, CON TUTTA LA VOCE CHE ABBIAMO
CHIEDIAMO UNA RIFORMA, ANZI, UN
MIGLIORAMENTO" 283

SOVRAFFOLLAMENTO CARCERI: PROBLEMA NON È
SOLO QUANTI SONO MA ANCHE CHE COSA FANNO.... 289

PIAZZA CARCERI E SICUREZZA: INCLUDERE LE
CARCERI NEL PROGETTO DI RICOSTRUZIONE DEL
PAESE.. 290

CARCERI, MELONI: "POCO STUPORE PER I FATTI DI
SANTA MARIA CAPUA VETERE". 292

Printed in Great Britain
by Amazon

69495155R00180